알맞은 어둠과 따뜻한 황홀

리토피아포에지·159
알맞은 어둠과 따뜻한 황홀
인쇄 2024. 12. 10 발행 2024. 12. 15
지은이 김동호 펴낸이 정기옥
펴낸곳 리토피아
출판등록 2006. 6. 15. 제2006-12호
주소 21315 인천광역시 부평구 평천로255번길 13, 부평테크노파크M2 903호
전화 032-883-5356 전송032-891-5356
홈페이지 www.litopia21.com 전자우편 litopia999@naver.com

ISBN-978-89-6412-200-6 03810

값 12,000원

* 이 책은 전라남도와 문화재단의 후원을 받아 발간하였습니다.
* 이 책의 판권은 지은이와 리토피아에 있습니다.
* 잘못 만들어진 책은 바꿔 드립니다.

김동호 시집

알맞은 어둠과 따뜻한 황홀

시인의 말

세상에서 가장 따뜻한 혀를 갖고 싶다.
하여, 사람들의 내밀한 상처로 들어가
위로의 말 한마디 살갑게 속삭여주고 싶다.
내 작은 속삭임이 가슴속 아픈 못을 빼고
그 자리에 꽃씨는 아니어도 내일이면 싹틀
안식과 평온의 풀씨 한 줌 뿌려줄 수 있다면 좋겠다.

제아무리 애처롭게 꽃잎이 져도 결코,
세월을 탓하거나 바람을 원망하지 않으련다.

2024년 겨울
김동호

차례

제1부 제비꽃으로 피어나

제비꽃으로 피어나	17
에스프레소를 마시는 아침	18
이렇게 아름다운 세상을	20
목련꽃 그늘은 춥다	21
당신, 홍매화	22
파스텔 톤으로 그려본 봄	23
아카시아꽃 향기에 눈물이 나 그대를 사랑한 줄 알았네	24
달빛 하소연	26
꽃불 번진 봄날에	27
3월에 내린 비	28
끝내, 끝끝내	30
욕망의 불로 구운 잔	32
봄날 바닷가	34
산벚꽃 그늘에 숨어 나도 울었네	36

제2부 간지럼나무에 취하다

사랑의 묘약	39
세월에게·5	40
갈증	42
안개로 그린 풍경	44
남은 나의 생은·2	47
놓는다	48
간지럼나무, 백일홍―몽에 취해	50
이른 호우주의보	51
망각의 힘	55
입하立夏 지난 숲에 서서	56
내가 사랑한 나를	57
독백인지 자백인지	58
한여름 낮 12시	60
해가 지면	62
사랑 그 후	63

제3부 새벽 낙서

새벽 낙서	67
들꽃이 바람에게·2	68
모든 세월은 기억 속으로 흘러가 그리움이 된다	70
가을 독백	72
넌 식어 가는데 난	74
알맞은 어둠과 따뜻한 황홀	75
노을 진 단풍나무 밑에서	76
고라니 울음소리	78
비 내리는 늦가을 느티나무	80
청단풍 연가	82
가을 산 그대에게	83
가을하늘에 달이 뜨면	85
제법 괜찮았던 사랑	86
고요한 달밤이 좋아서	88
시든 꽃 꽂힌 꽃병	90
빈 가을나무에게	91

제4부 꽃이 지면서 하는 말

우리 다시는	95
약속하자	96
청춘에게 묻는다	97
슬픈 재회	98
통속시詩	100
폐가廢家·2	102
꽃이 지면서 하는 말	104
못 이긴 척	105
이제서야	106
겨울이 찾아온 거리	108
오독誤讀·2	110
저물녘 태양을 등지고 서면	112
겨울밤 강가에 앉아	113
검은 잠	114
그 시절 그 날들	116

제5부 와온바다에서

와온에 오면	119
겨울 만가輓歌-갈대밭에서	123
순애보	124
전하지 못한 안부	125
슬픔으로 슬픔을 이기다	126
순천만에서 웃는 법을 배운다	127
암癌병동에서	130
뿌리 뽑지 못하고	132
그리운 어머니에게	133
행복한 시간	135
행려行旅, 먼 길에의 그리움	136
오래된 샘	143
더 늦기 전에	144
해설∣한명희 그리움의 시학, 행복의 시학 　　－김동호 시세계	147

| 제1부 |

제비꽃으로 피어나

제비꽃으로 피어나

사람으로 태어나
꽃처럼 피었다 진 이가 있고
꽃으로 피어나
사람처럼 살다간 꽃이 있다

쓰디쓴 인생 같은 겨울이 갔는데
바람은 뭐가 저리 안타까워 보랏빛으로
허공에 떠돌다 쏟아져 세상 물들일까
삼킬수록 허기진 삶의 고뇌는 버리라며
뽀송한 햇살이 머리를 쓰다듬자
비로소 위안이 등을 어루만진다
봄날만큼 참 따뜻한 세상,
잠시 이 행복에 쉬어가고파
길가 제비꽃으로 납작 앉아
햇살 덮고 졸고 있네

나, 사람으로 태어나 꽃으로
살다 진다 너로 인하여
너가 있어 아름다운 세상이기에

에스프레소를 마시는 아침

눈을 뜬 순간 널 생각하며
시작한 하루는 행복하다

첫눈에 허물어진 매혹이라
화상을 입은 입술에 마중 나온 혀에
세뇌당한 그리움의 파편들이 훅 날아와
독하게 박힌다한들
순간 아프게 스며들다 뜬 눈으로
하나 되다 화상성 통증으로
숨을 쉴 수 없다한들 뜨겁다,
절정이다!
거부할 수 없는 영혼마저 삼킨 욕정
번개가 때리고 지나간 자리
검은 향기로 타다 집착으로 젖어간다
간을 비트는 외마디 비명 쓸개를 찔러
저항 못한 고독이 발가벗고 있었구나
함부로 뒤엉킨 고독의 미칠 듯한 신음
음, 인생보다 쓴 황홀한 위로였구나

불면의 형벌이 내린다 해도 그저
너만 있으면 행복하다

이렇게 아름다운 세상을

이렇게도 아름다운 세상을 두고
눈을 감는 사람이 있다

차창 밖으로는
울창하게 우거진 여름이 지나가고
푸른 섬진강 건너 백사장 가까운 앞산
홀로 선 키 큰 느티나무 한 그루
흰 구름 붙잡고서
저 푸른 하늘길 물을 때 바람에 날려
사람들은 저마다 한갓 씨톨로 세상에 와
자신들이 가진 사랑만큼 꽃으로 피어나고
세상은 그래서 휘황히도 만개한 꽃밭인데

참으로 모를 일이다
이렇게나 아름다운 세상을 두고
눈을 감는 사람이 있다니
그리도 그리운 사람을 두고
떠나는 사람이 있다니 부디,
잊혀지는 사람이 있다니

목련꽃 그늘은 춥다

잎도 없이, 꽃망울부터 터뜨리는
너의 심사를 모를 줄 아느냐
줄줄 체념의 향기부터 흘려보내는
너의 심사를 모를 줄 알았느냐

태양을 피해
꽃봉오리 북으로 돌려 그늘진 채
하얗도록 창백해진 너의 긴 기다림
지난가을부터 긴긴 겨울을
마른 가지에 숨어 지켜보다
이 봄에 이리 불쑥 얼굴 내밀고
슬프게 웃음 짓는 너의 문드러진 마음
꽃망울로 터져나는 웃음 속
한숨, 내가 못 들을 줄 알았느냐

꽃잎 져야 비로소 돋아날 푸른 잎이
한여름에도 서늘한 너의 원혼이라는 걸
한 맺힌 그리움이라는 것을
내 모를 줄 알았더냐

당신, 홍매화

겨울이 채 가기도 전에
그대 영영 멀어지기 전에 이렇게
활짝 웃어도 될까
싸늘히 지는 놀이 가슴 저미는데
질리도록 빨갛게 소리 질러도 될까

겨우내 뜨거운 피 뿌리에 감추고 견딘
인고의 시간이 너무 길었나
취한 척 속없이 해롱대는 홍매화
벌써 찬바람에 생을 맡기고 원통하다
홀연히 꽃잎 지려는가

홍매화 피어나 그대 그리운 날엔
추억을 따라가며 저녁놀보다 붉게 울다
기어이 충혈된 눈으로 지친 척
미친 척 소리 내어 섧게,
서럽도록 웃어도 될까

파스텔 톤으로 그려본 봄

나의 정원에 그대 이름 뿌리 내려
숨 쉬다 싹 트고 꽃 피운 적 있지

햇살이 흩날리다 미풍에 으스러져
꿈속처럼 뭉개진 봄날이었을 거야

인생이야 좀 헛되고 부질없으면 어때
사랑은 파스텔 톤 풍경화로 남았는데

이 시린 겨울 지나고 다시 봄이 오면
추억처럼 꽃잎 향기롭게 피어날 테니

다시 파란 하늘로 애절히 쏟아져 내려
꽃으로 핀 그대 가슴 설레게 하면 됐지

아카시아꽃 향기에 눈물이 나 그대를 사랑한 줄 알았네

길을 걷다 아카시아 꽃잎 날려
5월이 온 줄 알았네
집착은 세월에 기대어 시들어가지만
잊을 거라고 잊힐 거라고 해마다
줄달음질치며 손 흔들던 다정한 함성들
꽃잎 되어 하얗게 날리고

떨어지는 꽃잎 벗고 새처럼 먼 하늘
날아가는 아카시아 향기에 가슴 미어져
그대 그리워하는 줄 알았네
신념은 얼마나 철통 같은 감옥인가
부질없는 맹세, 덧없는 청춘보다
가여운 5월!
목숨이라도 바쳐 소중한 씨앗 맺자고
총총총 떨어지는 꽃잎들
뒷걸음질 치며 허공으로 흩어지는
꽃향기에 젖은 얼굴들
아카시아 향 날리는 마음 끝에서

5월은 눈시울 붉혀 물들어가고
마지못해, 버리지 못한 내 생
부끄럽게 저물어가 하염없이,
꽃향기에 붉어지는 하늘 바라보다
하루가 가는 줄 알았고
돌아서서 석양에 붉게 물든 길을 걷다
눈물이 나 그대를 사랑한 줄 알았네

달빛 하소연

이제는 얘기하고 싶다
얼마나 먼 길을 돌아왔는지
태양의 그림자 밟으며 뒤따른 시간
언제나 그대가 가린 만큼 눅눅한
그늘로 남아야 했던 숱한 밤에 대해
이야기해야겠다
그대 벗어난 지금 비로소 빛으로
빛날 수 있음을
골수에 사무친 빛만으로도
그대 앞길 밝힐 수 있음을

꽃불 번진 봄날에

벌거벗은 햇살 맨살에
돋아 붙은 보들한 솜털 바람
들판 가득 푸른 해일이 밀려와
바스러져 흩어지는 흰 포말처럼
눈뜨는 들꽃들
어두운 밤 매섭게 지났으니 맞아,
이젠 꽃불을 켤 때야

가슴에 담을 수 없는 사람
눈물처럼 닦다 마음 지우지 못한
허전함이 외로운 봄날과
사랑에 빠진다면 불륜인 줄 알아도,
어쩔 거야 가슴이 널뛰는 걸
초록의 유혹에 들판이 파랗게 벌컥
뒤집힌다 한들 꽃불을 켠다면 죄가 될까
고희古稀를 향해 달리지만
활짝 웃는 꽃을 보고 가슴 뛴다면
무죄가 아닐까
오늘이라는 행복한 초행길에
어두웠던 나의 겨울을 밝혀주는
따스한 봄날 꽃불이여

3월에 내린 비

헤어지자는 말도 없이 우리는 헤어졌다
다시 만나자는 약속은 없었지만
악수도 없이 헤어졌기에
곧 만나리라 생각했다
약속도 악수도 없었기에 꼭 만나리라
생각했다 햇빛 찬란한 날들 속에서
바람 불다 비가 오고 세상은
세월 따라 세월은 세상 따라
멈출 줄 몰라서 내 사랑 멈추는 법
몰라서 내 사랑 여름 지나 가을쯤에서
멈췄으면 좋았으련만 겨울이 오고
눈 내려 사랑처럼 쌓여가고 아득하게
인적 끊긴 먼 산에 눈처럼 사랑은
쌓여가고 문득 사랑처럼 눈이 멈추고
아름답던 사랑도 눈처럼 추하게
녹아가고 질척거리고 기다리지 않아도
봄은 오고 기다리던 봄비까지 오는데
늦었지만 기다림이라는 그물로
그리움이라도 한 소쿠리 건질 텐데

지금이라도 그대 다시 온다면
헤어지자는 말이라도 할 텐데
약속이라도 할 텐데 헤어지자,
말도 없이 우리는 헤어졌다

끝내, 끝끝내

1.
치명적인 바람을 내세워
끝내 봄은
꽃을 불러냈고 끝끝내
사람들의 마음까지 점령했다

붉게 떨어져 어지럽혀져가는 그리움이여

2.
가슴에 자라고 자라 그대로 두면
온몸을 뚫고 나와
피를 토하며 죽을 것 같던
사랑,
그 절규의 끝이 보인다
잿빛으로 봉인된 마음 애달파
붙들고 매달리던 갈망
그 신산스러운 겨울의 끝, 보인다
너덜너덜 닳고 닳아
하늘 끝으로 빨려가는 세월 끝내

봄을 호명하고 절대 끝날 것 같지 않던
겨울 끝끝내,
그 슬픔의 끝을 접는다

욕망의 불로 구운 잔

햇살 따스한 봄날
작은 간이역에서 기차를 탔다
들꽃 향기 뒤엉킨 벌판 지나
아득해서 뛰어내리고 싶은
강물 위 철교를 지날 때까지
세월 가는 줄 몰랐다

비몽사몽 도착한 바람 찬 간이역에
잠깐 기차가 멈추고
어머니가 뛰어내리시는데 나는
멀거니 보고만 있다가
기차는 떠나고
다시 기차가 설 때마다 엉겁결에
하나둘 친구들도 내리는데
손 흔들 생각조차 못하고 그렇게,
내 곁에 있던 사람들 전부 내리고

혼자 타고 가는 텅, 빈, 삶,
내릴 역 가까운 노을역驛

저 가을 서쪽하늘을 잔에 담아 마시고
벌거니 취해 밤을 기다리는 게
내가 할 수 있는 전부라니

목이 마르다
마시고 싶다 뭐든지
허기진 영혼 빼곡히 채울 수 있다면
맹독이라도 집어삼키고 싶다
독에 취해 쓰러져가며 집어넣고 싶다
아무리 뜨거운 후회의 잔이 넘쳐도
미련 없이 여생을 보낼 수 있다면
그럴 수 있다면

봄날 바닷가

1.
푸석푸석한 중년의 겨울 모퉁이를 돌아
찾아온 끝없는 구원의 바다

세상을 향한
너덜너덜한 가슴의 쪽문 닫고 누워
기다리지 않아도 오는 밤
기다려도 오지 않는 잠을 쫓다
엎치락뒤치락 포말에 씻겨가는
모래알들 시시덕거리는 소리
밤새 들었다

2.
수평선은 멀리서
파도소리 하얗게 손에 들고 가쁘게
숨 가쁘게 숨어서 엿보는데
그리움의 뒤를 밟다
슬며시 잠들어버린 정결한 5월의 아침
나가보니, 좌~악 찢어진 해당화의 입

바다를 향해
헤벌쭉 머금고 있는 자주색 웃음

3.
태양이 열정의 빛으로
뜨거운 비수를 던진다

명중!
해당화 얼굴에 피가 터진다

붉은 비명을 따라
해풍에 으스러지는 향기

몰래 봄날을 흐느끼는
어쩔거나, 이 아픈 황홀

산벚꽃 그늘에 숨어 나도 울었네

한바탕 봄이 휩쓸고 지나간 산길
눈 시린 산벚꽃나무 그늘에 들어
흔들리는 허무를 본다

하루살이 하루보다 지루한 생애를
걸치고 있는 시간들이
닳고 벗겨져 스러져가는 그래도,
참으로 따스한 연분홍 망상
숨 가쁘게 껴안은 봄은 짧았지만
독백처럼 묻어나는 신록을 배경으로
외로움만큼 빛나는 산벚꽃
비릿한 갈증으로 피어나면
소낙비처럼 곧 쏟아지고 말
눈물이 될까

꽃 그림자 손짓하는 대로 따라나섰다가
하얀 거품 터져 통곡하는
산벚꽃나무 그늘에 숨어 나도 울었네

| 제2부 |

간지럼나무에 취하다

사랑의 묘약

어둠은
편안한 이불이야
술은 부드러운 망각이고
허무는 삶에 대한 야무진 미련이지
꿈은 또 얼마나 쓸쓸한 자위인가
희망만큼 잔인한 자기기만은 없어
돋보기를 끼고 인생을 들여다 봐
모순의 풀들이 돋아나 독을 뿜어대잖아
사랑할수록 깊어지는 집착의 씽크홀
모두 함정이지 알면서 빠져보는 거야
서서히 거기에 깊이 좀 더 깊숙이
숨이 막힐 거야 심장에 불이 붙어 바삭바삭
애가 타들어가 죽고 싶을 거야

그래도 사랑이라면,
그걸 즐기는 거야

세월에게 · 5

왜 자꾸 이러는 거야
내게서 빼앗을 게 더 뭐가 있다고
봄처럼 파랑파랑 울렁이던 청춘도
불끈불끈 일어서던 여름날 열정도
가을바람으로 다 쓸어갔잖아
그렇게 다 주고 나면
겨울저녁 쓸쓸히 석양을 덮어줄
순백색 무욕이 담긴 흰 눈을 내려주겠다
약속했잖아 그랬잖아
해탈解脫보다 아늑하고 고요한
평온을 주겠다 했잖아
근데 지금 빨갛게 뛰는 그리움
더 밝고 뜨겁게 번지는 생에 대한 망집
그래, 태양은 오늘도 붉게 솟아
이글거리며 내 번뇌를 불태우고 있어
이게 다 뭐야 너무 뜨거워 이러지 마
제발 탐욕과 번뇌의 가마솥에서 꺼내줘
나를 놔줘, 이제 그만
무념무상의 눈 내린 겨울 산으로 갈래

가서 발목은 기억처럼 흰 눈 깊이 못 박고
시린 바람 목에 감은 채 무심한 하늘 우러러
한 그루 소나무로 서 있고 싶어
그럼 남은 밤은 아마 망각처럼 시름시름
은총 가득한 달빛이 퍼붓겠지 들어 봐,
달빛에 독버섯처럼 자란 정적이
눈 부릅뜬 채 거칠게 내뱉는 숨소리
놓아줘, 나한테 자꾸 왜 이러는 거야

갈증

가슴에 뜨거운 물을 엎어 버렸다
미칠 듯한 갈증 때문에
펄펄 끓고 있는 주전자를 들고
물 한 모금 마시려다
그대가 가득 든 주전자를 가슴에
설마, 하고 거꾸로 놓아 버렸다
막무가내 그대가 내게로 쏟아지고
속수무책, 너무 뜨거워 들고 있던
유리잔을 집어던지며 가슴을 틀어막았다
벌써 유리잔은 바닥에 떨어져
산산조각이 나고 파편은 내 발등에
여름 한낮 햇살처럼 후끈후끈 박혀버렸다
붉은 선혈로 범벅이 된 신발을 신고
질퍽질퍽 그대로부터 도망을 쳐보지만
이미 내 눈엔 그대가 아프게 꽂혀 있어
앞을 보지 못하고 멀리 가지 못하고
어제와 똑같은 자리에 넘어져 뒹굴다
갈증만 견딜 수 없도록 깊어졌다

꿀꺽,
애가 타들어 가 뜨거운 그대를 삼킨다

안개로 그린 풍경

1.
마을에 댐이 생긴 후
자욱한 만성 두통처럼 안개가 찾아왔다

2.
먼 산 푸른 새벽을 삼킨 안개가
잿빛 마을을 삼키고 있다
자욱한 적막 속으로 꾸역꾸역 넘어가는
도로를 따라 걷던 집 잃은 하얀 개
한 마리 안개의 식도 속으로
머뭇머뭇 빨려들어 간다
아주 가늘고 얇고 촘촘한 그물
같은 안개가 삼킨 세월 속
블러 처리된 몹쓸 추억들마저도
스산하게 지워져 간다

마을을 삼킨 안개가 내 앞에 서서
나를 삼키려 응시하는데 안개 속에서
고즈넉이 들려오는 습습한 속삭임

안개 속에서 아련하게 아득해지는 게
어찌어찌 살아온 세월뿐이겠는가
안개 속으로 뭉개져 가는 것이 어찌
길뿐이고 사라진 것이 청춘뿐이겠는가
길을 잃고 헤매던 시절이 그리워
안개 자욱한 기억 속을 더듬는 이가
왜 나뿐이겠는가 불현듯 안개를 찢고
경광등을 굴리며 울부짖는 사이렌 소리
뒤따라 시끄럽게 달려온 구급차 한 대
새벽안개를 삼키려다 길 잃고 헤매는
젖은 그리움들을 토해내고 있다

3.
가슴에 댐 하나 생긴 후
안개처럼 만성 두통이 찾아왔다
휘청대며 고여 온 자욱한 두통보다
무겁게 내려앉아 훌쩍이는 잿빛 안개
흐린 내 생의 풍경 속에
그려보련다

내 청춘을 다녀간 파란 하늘을
작열통을 앓던 태양을
눈부신 열망을

남은 나의 생은·2

너,
태양일 필요까지는 없어
내 생에 태양으로 떠올라 눈부시고
뜨거우면 내 눈멀게 하고
애간장 태울 테니
그저 나의,
캄캄하고 외로운 밤에
뜨겁지도 않고 눈부시지도 않은 달,
심심한 맹탕 같은 달이면 충분해
가만가만 나를 따라다니며
내 희망 밝혀주는 달
올려다보면 소리 없이
노란 꿈 가지런히 내보이며
여린 햇병아리 털처럼
부드러운 웃음으로 쓰다듬어주는 그런

남은 생은
그런 감촉을 가진 행복,
너였음 좋겠어

놓는다

너무 뜨거워 절대 식을 것 같지 않던
첫사랑처럼 겁 없이 뜨겁던 여름이
예고도 없이 진짜, 사랑처럼,
허망하게 식어버렸다
예고는 없었지만 몇몇 전조증상은
있었지 모든 사랑이 그렇듯,
태양은 사라져도 밤이 깊을수록
온몸 타들어 간 열망만큼은 열대야처럼
식지 못해 더 숨 막혀 뜨거워질 거라는
신념으로 모든 증상을 무시했었지
가령, 한밤중에 창을 두드리던
바람 닮은 너의 끈적한 숨결이 뜨거워
놓지 못했던 너의 손이 섬찟섬찟 식어
내 심장을 도려내는데도 이 여름은
영원할 줄 알았는데, 이젠 버려야겠지
지금껏 놓지 못한 여름날 푸르렀던 기억
추억의 폭우가 넘치는 실개천에
무심한 애련처럼 흘려보내고
모든 사랑이 그렇듯,

우리 살아오면서 서로 덮어주지 못해
아파해야 했던 숱한 허물을 덮듯이
늦여름 새벽 스산한 정의 끝자락을
슬픔처럼 끌어다 덮어야겠지
내 생에 두 번 다시 찾지 않을 사랑처럼
무정하게 우리의 여름은 끝났으니
뜨거움은 여기까지일 테니
그래, 모든 사랑이 그렇듯
이제 식을 일만 남았으니
놓지 못해 놓쳤던 너를
이쯤에서 놓는다

간지럼나무, 백일홍
-몽에 취해

목이 터지도록 원 없이 웃어 봤다
매운 겨울은 뿌리 깊이 묻어둔 채
한여름 햇살이 뜨거워서 웃고 한밤
미풍에 생의 발바닥이 간지러워 웃었다
칠렐레팔렐레 비통悲痛마저 간질거려
속없이, 살아있는 날들이 꿈만 같아
빨갛게 피를 토하며 웃었다

세상만사 그저 간지러워서 웃고
웃을 일밖에 없어서 웃었다
온 얼굴이 벌겋게 달아오를 때까지
슬픔에까지 내 빨간 웃음소리가 닿도록
킬킬대다 보니 그리움은 꽃잎 되어
고뇌의 담장을 넘어 흩날리고 충분히,
삶도 세상도 아름다운 꿈이 되었다

나 일생동안 원 없이 붉어 터지게
행복해 봤다

이른 호우주의보

1.
먼 남쪽바다 미련 가득 보듬고
달려온 습습한 바람 안간힘을 다해
갈팡질팡 마지막 들고 있는 내 삶의
우산까지 빼앗으려 나를 흔드네 행여
젖어 흐를까 이가 부서지게 앙당 잡은 채
우산 밑에 감추고 있는 추억의 뾰족한
유리 파편들은 두 눈 감지 못할 슬픔이라서
반짝이는가 슬픔은 언제쯤 햇살 품은
마른 바위처럼 견고한 고독으로 굳어질까

산다는 것은 참 넓고도 깊은 차디찬 강을
헤엄치는 일이라 허우적대다
아득한 나락 생의 발바닥에 쥐가 나니
흔들리더라도 흐를 수밖에 비바람에 뒤집혀
꺾인 신념일랑 세월에 맡길 수밖에
우리 인연 속절없이 젖고 말았으니
맥없이 너를 놓을 수밖에

2.
너를 놓고 걷는 길이
슬픈 꿈을 꾸다 눈뜬 새벽처럼
참 파랗게 쓸쓸해서 좋다

3.
눈에 띄는 노란 우산을 쓸 걸 그랬다
하늘이 무너져 이별이 쏟아지듯
억수비 퍼붓는 거리에 서면
빗줄기는 뿌리치고 털어낼수록 달라붙는
회한의 거미줄일까 빗방울로 붙어 모여
인생은 검은 우산 속이라 어둡게 갇혀
홀로 몸서리치며 뼛속까지 젖어가더라
슬픔이라는 물은
발바닥부터 차오르기 시작해
신발을 적시다 발목을 붙잡는데
하수구를 찾지 못한 빗물들처럼
한이 고인 시장통 맨 끝집
불행이 쌍으로 왔다는 쌍과부집에서

낮술에 취한다

4.
원망도 낮술을 섞으면
그리움이 되더라 그리움에
세월을 섞으면 끝까지 씹히지 않아
뱉어내야 하는 질긴 안주가 되더라

5.
낮술에 취했는데 갈 곳이 없다
비 내리는 거리를 서성이다
목까지 차오른 슬픔에 숨을 쉴 수가 없어
숨을 멈추고 눈을 감는다

빗물에 떠가는 너가
너와 함께한 푸르른 시간 그 울창한
여름날 풍경들이, 멀리 세월을 따라
떠내려가다 물안개 너머로 희미해져 간다
〉

6.
기꺼이 뜨겁던 심장을
짓이겨 내어준 사랑이라도
기억의 우산 밑에서 비를 피할 수 없다
한사코 세월 속에 뭉툭한 송곳니를 꽂은
망각을 이기진 못하더라

망각의 힘

망각은 얼마나 넓고 잔잔한 바다인가
기억이 퍼붓는 폭풍우 속에서
회한의 멀미를 하다
비굴한 삶 앞에 무릎 꿇고
토악질하다 끝내
모든 과거를 토해내지 못해 떠밀려온
고요의 늪
텅 빈 한여름 밤의 *끈끈한* 평온 그래,
망각은 얼마나 깊고 애잔한 공허인가

망각은 얼마나 크고 어두운 그늘인지
종일 햇볕 한 조각 들지 않은 음지에서
공벌레처럼 웅크리고 있던 후회 속에서
추억의 곰팡이를 먹고 자란 슬픔마저
지워져 가는 것이 싫은데 그대 내게
없었던 사람이 되어가는 것이 싫어
떠난 빈 가슴에 난 슬픔을 채웠는데
그댄 나 떠난 빈 그늘에 무얼 채웠을지
망각은 청춘보다 헛되이 흐르는 밤,
무심한 밤이 참 덧없다

입하立夏 지난 숲에 서서

늦겨울 바람 몰래 매화가 던진
연정戀情, 모란꽃에 멈춰서니
꽃소식 전해주던 화신풍花信風은
하늘 끝 뭉게구름에 실려 가고
비루하게 남겨진 내 생의 골짜기엔
멀어져가는 봄의 뒷모습을 따라
꽃잎이 지고 있다

눈감은 채 꽃길만 걷다가
고열로 들끓던 봄,
애욕의 잡초만 무성하게 자라나
바람 한 점 없는 숲길 접어들어서야
사랑처럼 봄이 떠나는 것을 보았네
오늘에서야,
그대 변한 것을 알았네

내가 사랑한 나를

아무리 사랑보다 짧은 여름밤이라도
여름밤은 쉽게 식지 않는다
쉽게 어두워지지도 않는다

누구나 앙망하는 태양은 잠시도
쳐다보는 것을 허락하지 않지만
달은 지치도록 쳐다보라 허락한다
한낮 태양은 나를 따르지 않지만 한밤
흰 모시 수건으로 얼굴을 가린 달은
죽어서도 나를 따르는 어머니처럼
밤이 깊을수록 고즈넉이 가라앉는
자장가를 부르며 천천히 걷는다
여태 식히지 못한 마음 끄지도 못하고
내 생을 밝혀 따르는 맑은 넋 요요히
창밖 온 밤을 서성이네
눈감아도 뿌리칠 수 없는 게 사랑일까

오늘밤은 유난히도 달빛 밝으니
오래전에 돌아가신 곱디고운 어머니
환히 웃는 꿈을 꿀 수 있겠다

독백인지 자백인지

자랑 같지만 정말이야 그 누구도
지금까지 난 그 누구도 사랑한 적이 없어
자랑처럼 들릴 테지, 그럴 거야
사랑한 적이 없으니 그리움의 질긴 노끈에
목을 맬 날도 없고 그래서 몸서리나는
어두운 골목에 퍽직하게 앉아 남몰래
꺽꺽 울음 삼킨 적은 한 번도 결코
단 한 번도 없었지 자랑처럼 들리겠지만
그래, 부럽기도 할 거야 병신처럼
술에 취해, 새벽 세 시 눈감은 도시를
고래고래 헤엄쳐 다닌 적도 없고
하늘을 향해 삿대질을 한다는 건
상상조차 할 필요가 없었어
암 그렇다니까!
항상 미래를 꿈꿀 필요가 없어 좋았어
꿈은 희망으로 잠긴 감옥의 바퀴벌레야
알잖아, 그 더러운 걸 왜 잡겠어
꿈을 꿀 때 향기가 나는 건
꽃이지 사랑은 아니야

저민 상처에 굵은 추억의 소금을 뿌리고
쓰리게, 쓰리도록 세상을 살아가는
사람들을 도무지 이해할 수 없어 아무리
세상 폭풍우에 삶의 잔가지가 흔들려도
내 안의 고요와 평안은 전혀 두렵지가 않아
킥킥, 참담하지도 쓸쓸하지도 않은 봄밤에
모든 영화가 끝난 심야극장 맨 끝자리에
숨어 흐느끼던 시인들이 살았던 세상
아무리 세월이 흐른다손 난 두려울 게 없어
생각해 봐!
남겨놓은 게 없는데 누가 날 이야기하겠어?
사랑한 적이 없는데 누가 날 기억해?
죽은 듯이 살아왔으니 훗날,
살아있는 듯이 죽어 있을 거야
자랑처럼 들리겠지?
하지만, 정말이야
지금까지 난 누구도 사랑한 적이 없어
너무 그렇게 부러워하지 마, 듣고 있지?

(밤새 내 말을 알아듣지도 못하고 치직거리는
저 TV는 날이 밝는 대로 버려야겠어)

한여름 낮 12시

저기 멀리 서 있는 사시나무 꼭대기에
바람이 머뭇거리고
그 바람의 뜨거운 속삭임에
전율하며 살아나는 신록
문득 악몽을 꾸다 달아나는 흰나비
간지럽다 깔깔거리다 미쳐 날뛰다
몽글몽글 꽃으로 피어난 구름
저 두툼한 꿈을 베고 누우면 찾아오던
여름 하늘은, 그리운 얼굴들 사이로
갑자기 찾아온 손님처럼 쏟아진 소나기가
예고 없는 정전처럼 멈추자
달음질치는 비구름의 뒤를 따라 웃었지

세욕世慾의 검정고무신만 꿰차고 급히,
두고 온 접지도 못한 내 유년의 우산
혼자 아직도 그대로 남아 날 기다리는
아, 저 하늘 망각의 텃밭
저기쯤 허기진 꿈을 채우던 달짝지근한
목화송이 그리움으로 떠가고

시린 앞가슴에 허투루 엎지른 지난 시절의
천연색 물감들 저 푹신한 꿈을 베고 누워야
찾아와 손잡아주던 다사로운 동심童心
그 착한 순수는 무사할까

되돌릴 수 없는 고장 난 괘종시계를
무거운 가슴에 달고 살아가며 들어야 했던
언제나 정오를 알리는 둔탁한 종소리,
그 종소리의 파문은
이제 내 얼굴에 주름으로 자리 잡았지만
저기 멀리 서 있는 내 사시나무 꼭지엔
여태 떠나지 못한 얼굴들이 타올라
내 삶은 줄곧 무더운 오늘 지금,
지금은 그리움이 타는 한여름 낮 열두 시!

해가 지면

아무도 볼 수 없는 산 너머에
몰래 뜨거운 불덩이 하나 더 숨기기

추억이라는 문을 열어
반복 재생된 오늘을 밀어 넣고
어둠을 향해 다시 돌아서기

비틀비틀 거리에 서서
성큼 가까워지는 삶의 저편
혹은 새벽을 그리워하기

잊히지 않는 젖은 이름 컥컥
토해내다 흉가처럼 앙상한 가슴 열어
부디, 내 회한의 실명實名은
참혹한 자기도취적 희망이다
하고 목이 쉬게 외치기

사랑 그 후

그리고 많은 세월이 흘렀다
그런 후 다시 또 세월이 흘러갔다

그렇게 많은 날들이
다시는 오지 않을 시간의 창밖
한낱 풍경들로 지나갔다

그리고 다시는 오지 않았다
유독 한 사람 그 사람은

| 제3부 |

새벽 낙서

새벽 낙서

시린 가을비 사무쳐 내리는 새벽
꿈꾸다 말고 일어나 무심코
흰 종이에 툭, 쓴다
너의 이름

나 살아서는 끝맺지 못할 미완의
간절한 기도만큼 뜨겁도록
아름다운 한 편의
아픈 시詩

들꽃이 바람에게 · 2

나야,
흘깃 왜 그냥 스쳐가는 거야
약속했었잖아
다음 세상에선 절대 내 손 놓지 않겠다고
천년이 가도 잊지 않고 첫눈에
날 알아보겠다고 다 잊어도,
내 몸짓 내 향기 지우지 않고 기억하겠다고

난 첫눈에 널 알아보고
이리도 달뜬 온몸 애처롭게 전율하며
향기로운 그리움 흔드는데

나야 나, 여기 있어
왜 그냥 지나치는 거야
심장이 얼어붙던 겨울이 지나기만
고대하다 이렇게 가늘게 목 뽑고
피 맺힌 보랏빛 심장 얼굴로 빼든 채
기다림의 먼 지평선 끝자락에 서서
널 기다렸는데, 그냥 가는 거야

기껏 한세상 지났을 뿐인데 날 잊고
그냥 스쳐 지나는 거야?
약속했었잖아 이승에서 만나면 절대
홀로 세워두고 돌아서지 않겠다고
초록초록, 맨살 드러내는 봄
햇살도 흐느끼는 들판에서 우리 다시
이렇게 맥없이 헤어지면
천년쯤 후 다음 세상에서나 만날 텐데
왜, 내 마음 놓으려는 거야

모든 세월은 기억 속으로 흘러가 그리움이 된다

1.
우리 사랑했던 세월은 갈 곳이 없어
기억 속으로 흐르는 걸까

지는 사랑에 애태우던 노을은
세월을 따라 기억 속으로 흘러가
애절한 전설로 고여 있고
한때 나를 불태웠던 너의 체온은
숨 멎은 열망을 뛰게 하는
새벽보다 검푸른 맥박이 된 오늘,
야금야금 내 심장 파먹으며
살얼음으로 얼어가던 너의 무관심
사랑만큼이나 간절했던 원망마저도
기억 속으로 흘러가 나를 보며
속없이 웃고 있네

겨울 저녁 해처럼 덧없이 저물어가는
인생, 너와 함께한 모든 세월은
기억 속으로 흐르기에 그리움이 되었을까

〉
세월 속에서 안개처럼 오한이 밀려와
오욕칠정의 이불을 편다
눅눅하지만 푹신한 기억 위에 누워 너를
이마 끝까지 끌어당겨 덮는데
먼 추억의 산등성이에서 깜박대는
그리움이라는 등불의 미열은 식질 않아
잠시 이승에서 누린 삶만큼이나
처절하게, 아름답고 황홀한
꿈을 꿀 것 같은 밤이다

2.
세상의 모든 사랑은
세월을 따라가 슬픔으로 고이고
슬픔이 고인 모든 세월은
기억 속으로 흘러가 그리움이 된다

가을 독백

내 가슴에서 그대가 빠져나가듯이
온 산 초록이 썰물처럼 빠져나가자
함성을 지르며 밀려오는 붉은 상처들
뜬소문처럼 무성했던 푸르던 날들이야
무성할수록 빛 없는 그늘이 많았었지

그렇다면 후회는 하지 말자

초록이 지워진 자리마다
한숨처럼 터지는 빛바랜 정열
그대 기억의 정원에 나는
꽃잎 하나 떨구지 못하고 시들었어
시들어갈수록 상처는 아름다워져

그렇다면 다행인데,

왜 하필 나는 철새가 됐을까
생의 빈 하늘 찬 바람길 떠돌다 왜
지쳐가야 하는 걸까

평생을 살며 지켜온 신념은,
젊음은 고독은 열망은
희망을 따라 웃던 절망까지도 전부
어디로 갔을까
우린 끝내 어디로 가는 걸까

넌 식어 가는데 난

지금 벌 받나 봐
뜨거웠던 여름밤이
가을바람에 식어 가고 있어
나 지금 벌 받나 봐

점점,
내 심장은 뜨거워져 가는데
애가 타들어 가는데
내 숨통을 틀어막을 것 같던
후텁지근한 너의 숨결은
망각처럼 한 발짝씩 멀어지고 있어

뒤도 돌아보지 않고 넌
식어 가는데
미칠 듯이 내 온몸 뜨겁히던 넌
싸늘히 식어 가는데
나는.

알맞은 어둠과 따뜻한 황홀

세상은 내게 어머니의 자궁 속처럼
알맞게 어둡고 따뜻했다

게슴츠레 두 눈 감고 몸을 더듬던
편안한 침묵같이 부드러운 어둠
그 뜨거운 듯 나긋한
어둠의 혀에 온몸 맡기고
섭씨 39도쯤의 사랑에 마음까지 담그면
과하지도 모자라지도 않게 일렁이던 행복
내게 행복한 세상은
참 어둡고 따뜻한 방이었다

어둡고 어두워 아무것도 보이지 않고
아무 소리도 들리지 않는
따스한 무덤 속에 누워서도 오늘처럼
아늑하게 중얼거릴까 이승은 내게
늘 어둡고 따뜻한 방이었다고
그대 내게,
알맞게 어둡고 따뜻한 황홀이었다고

노을 진 단풍나무 밑에서

이 가을은
그냥 보내지 않겠다
마음 앞세워 떠나는 세월
식어 가는 사랑인가 붙잡을 수 없어
마냥 손 놓고 보냈지만
이번 가을만큼은 속수무책,
기필코 그냥 흘려보내지 않으리라

여름 한낮 뜨거운 열망에 입은 화상
후회로 저려오는 가을인데
길가에 서성대다 갑작스런 폭풍우에
돌담이 무너지듯 와르르
맑은 하늬바람에 떠밀려 와자지껄
한꺼번에 깨어나 조잘대던 단풍잎
식어서 담담해져 가는 바람 안고
파르르 멍든 하늘 끝 침몰해 가는 꼴
보고만 있을 수는 없어 차마,
손 놓고 보내진 않으련다

아무리 쌀쌀한 시선으로
이별을 재촉한대도 올가을만큼은
그냥 보내지 말아야지 되새기다
충혈된 울음 참지 못해
산등성이에서 흘러내린 계절
계곡 끝까지 고여 오열해도
비열한 후회는 싫어 결단코
이 가을 그냥 보낸 후 혀 깨물며
핏빛 눈물 삼키진 않으리라

고라니 울음소리

선인장을 만지면 가시가 박힌다
알면서 또 너를 만진다
너와 함께했던 무더웠던 그리움도
뜨거운 사막의 선인장처럼
가지가 나오는 눈이 진화해서
가시가 됐을까 이미 지난여름,
너만 바라보던 내 눈인데 가시가 자라
깊은 밤 눈을 찔러 눈물 난다

어둡고 척박한 기억의 숲
물 한 방울 없어도
동강 난 조각에 눈점 하나 남아
뿌리를 내리고 싹을 틔우는 것은
선인장이지 너는 아니다 되뇌며
기억과 후회가 쏟아져 흐르는 한밤중
개천가를 지나다 멈춰 서서 듣는
가시 돋친 고라니 울음소리
어둡고 척박한 기억의 숲속
묵묵히 숨어 어슬렁거리는 그림자,

시계 분침이 울먹이는 속도로
자라나 아프게 박힌 선인장,
그리움 토해내는 고라니 울음소리 들려와
슬픔의 파편들이 소름 돋아 자라난
비명으로 찔러 와도 너를 놓을 수가 없어

추억을 만지면 가시가 박힌다 알면서도,
기억 속의 너를 심장으로 만지다
박힌 가시를 뽑는데 후두둑 눈물이 난다

비 내리는 늦가을 느티나무

어젯밤 기상청에서는 분명
오늘은 아주 맑음, 이라 했는데
비 내리는 거리 가득
바람이 낙엽을 들고 달려간다

지난여름 청춘의 더위를 피하던
느티나무 언덕에 늦은 가을비 내리는데
여지껏 너무 젖은 채 멀리 달려온
무정한 열망들 내 안으로
냇물처럼 휩쓸려간 세월조차 버리고
달린다 비는 내일 밤까지도 올 기센데
우산도 비를 피할 처마도 없어
그대가 내 우산이었던 날들을 그린다

비 내리는 늦가을 느티나무
낙엽처럼 해괴망측한 추억이 진다
점령군처럼 발밑에 수북한
젖은 사랑은 미련이 낳은 망상이겠지만
배회하는 당신의 망령이겠지만

젊은 날 가슴에 담았던 푸르른 찬란함이
이리 칙칙하게 빛을 잃고 쏟아질 줄이야
거리에 외로움처럼 그대가 내려 내가
젖어갈 줄이야 아, 비 내리는 늦가을엔
방수 처리된 살갗을 갖고 싶다
기왕 투습방수의 심장도 이식받으련다
내 안에서 생성된 번뇌의 땀은 배출하고
세속의 비엔 젖지 않을 하여,
매일매일 뽀송한 삶을 살아보련다

해가 뜬다는 일기예보를 믿고
우산을 두고 온 죄로 속수무책
나의 오늘이 젖어간다 일기예보처럼
철석같이 사랑을 믿은 죄가 크다

청단풍 연가

어쩌다 내가 이 모양이 됐을까

한입 가득 초록 물감 머금고
들판 끝까지 내뿜던 봄날
봄비 물든 영광 어딜 가고
푸석한 이 모양 이 꼴로
그대 가슴 파고 들어가
지금 어쩌자는 걸까

말라비틀어진 앙상한 미련
떨궈내지 못하고
마지막 화장을 했으니
바람 따라 흔들리는 척
아픈 웃음 웃으며
허허, 멀어져가련다

가을 산 그대에게

세월 그래, 흐르라지
세상 뭐, 변하라지 황망히
여름도 푸르름을 모두 버리고 가는데
삼켰던 열망 다시 토해내며
핏빛으로 달려가는 가을산 단풍들은
뜨겁던 기억마저 멈추면 그때 멈춰 설까
저 산이 진정 참을 수 없었던 것은
이 여름 한낮 뜨거운 태양이었을까

그대와의 여름이 시작되던 날
새로 사 신고 간 파란 슬리퍼,
얼음처럼 차가운 계곡물에 미끄러져
흘려보낸 한 짝 차마 버리지 못해
들고 온 남은 한 짝처럼 계절은,
어둡고 퀴퀴한 현관 신발장에
그저 우두커니 남아있는 미련일까
내게서 더 멀리 두웅둥
먼바다를 향해 떠내려가고 있을
아쉬움이라서 참을 수 없을까 그냥

견딜 수는 없을까 이 소슬한 가을밤
흐느끼는 소리조차 낼 수 없어
입 틀어막고 우수수 물들어가는
가을산을
그대를

가을하늘에 달이 뜨면

올려다보면 언제나 텅 빈 그늘
너무 투명해서 차마 눈 감으면
나마저 맑아져 가는 곱디고운 연정

무얼 잡으려 나 이 세상에
두 손 내밀었나
두 발 부르트게 먼 길 돌아 뛰어왔나
부끄러워라,
술렁거리며 깊어져 가는 시름
고뇌의 두툼한 지갑 전부 버리고
확, 던져 넣고 싶은 이 목숨
너처럼 얼굴 환한 달이 될까

치어다볼수록 묵묵히 다가서는
저기 숨결조차 담그고 싶은 무욕의
깊고 아늑한 하늘 웅덩이

제법 괜찮았던 사랑

너의 심장 속으로 들어가지 못해 가슴을
찢은 날이 있었지 날카로운 메스가 없어
다섯 손가락을 세워 오선을 긋자
심장이 헐떡거리며 분홍 튤립으로 열리고
하늘에서 들려오는 바람소리들이
가쁜가쁜 음표로 내려앉아
참새사냥꾼들이 몰려왔어 그중 한 사내는
키 큰 해바라기꽃을 뽑아들고
뿌리를 얼굴에 묻은 채 태양을 겨냥하는 사이
해바라기는 얼굴에 뿌리를 내리고 자라
그늘을 만들어 숨었지 숨어서
이글거리며 비틀거리며 내 눈을 보는데
나는 너의 심장 안으로
더 깊이깊이 내 못을 박을 생각만으로
웃고 있었어 타~앙, 누가 누굴 쐈는지
총소리가 들리자 하늘을 날던 구름이
노을을 한입 가득 머금고
가글가글 벌겋게 강물에 뱉었어
슬픔으로 입을 헹구면 빨간 사과향이

하얀 사과꽃으로 입 맞춰오지만
너의 심장으로 흐르는 걸 허락받지 못한
욕정들은 하수구로 흘러 고였던 거야
그리움에 붙은 원망의 검은 곰팡이들이
악취를 풍기며 서서히 아주 느긋하게
공포를 주무르다 삼킨 냉랭한 열정,
서로 물어뜯다 간신히 우린 끝났지
제법이야
꽤나 괜찮은 영화의 결말이었으니

고요한 달밤이 좋아서

어둠을 따라 가라앉는 세상 어디선가
나를 부르는 소리 불현듯
차디찬 정적으로 머리를 감고
생의 마른 수건 하나 없이 거리로 나선다
뚝뚝 머리에서 떨어지는
푸른 상념에 옷도 맘도 젖는다
세상은 이제 막 소파수술을 마친 여자의
자궁처럼 휑하니 비어 있는데
어디선가 나를 부르는 소리
아무리 둘러봐도 텅 빈 세상인데

아마, 피었다 지는 생명으로
불 밝히는 저 하늘의 여한餘恨

온기 없는 넋을 따라 이 마음 이미
맑은 밀물 헐떡이는 흰 파도가 덮쳤으니
재를 털고 묵은 먼지를 털고
깊은 바다 밑에서 싹이 튼 고요처럼
고개를 들고 버젓이 비상해 보는 거야

그래, 가만…… 애타게, 들어 봐 다시,
누군가 나를 부르고 있어
저 저, 달 좀 봐!

시든 꽃 꽂힌 꽃병

차가운 그대 심장에 가시 돋친 꿈을
담근 채 야위어 가네요 이리도
자꾸 갈증이 나서 초라해져요
생명줄 끊은 지 오래되었죠 아직
멀리 가지 못한 넋이 흐느끼는 이 향기는
그댈 위한 내 마지막 노래가 될 터,
귀 기울여 봐요
가장 찬란한 한때를 그대 안에서
그래도 화안히 웃을 수 있어서
행복했어요

시들어간다는 것은
꺾이는 일보다 참으로 두려운 일이죠
구겨지고 망가진 채 바스라져서
아무 잘못 없이 무참히 버림받은 사람처럼
바람에 날아갔죠
가시 돋친 절망이었죠 나는
그대에게 나는 눈뜨면 잊혀지고 마는
아스라한 꿈속 갈증이겠지요 그래도
이렇게라도 피눈물 마르는 날까지
그대 볼 수 있어서 행복했어요

빈 가을나무에게

푸르던 시절 맥없이 보내고 애만 태우다
더이상 태울 게 없어 하늘만 보던 날
그리움보다 눈물이 많던 날
잊어야지 잊어야지
수없이 되뇌던 날에도
한사코 가슴이 붙잡던 사람

눈물처럼 세월이 흘러 추억의 강이 되고
다시 한숨처럼 세월이 지나가
무심히 그 강물 마른 사막 같은 날
잊지 말자 잊지 말자
숱하게 외치다 더듬더듬 눈떠보니
이름조차 떠오르지 않는 사람

세상도 세월도 모조리 텅텅,
속절없이 빈 가을이다

| 제4부 |

꽃이 지면서 하는 말

우리 다시는

우리 다시는 검은 하늘 보며
한숨짓지 말자 언제나 막힌 출구
앞에서만 올려다보는 하늘이기에
우리, 겨울을 다시는 꿈꾸지 말자

돌이켜보면 그리운 사소한 일상
우리 추억은 먼 바람에 앞다투어
일어서서 달리는 자욱한 흙먼지
눈이 매워, 눈이 매워 와도

가자, 가슴을 훑어 쓸어도 지울 수 없는
시간 그 먼지 덮인 길을 따라 가보자
우리 그 길 어디쯤에 두고 온 푸릇한
웃음소리 떠다니다 바람으로 일겠지

오늘만큼은 저 바람에 나를
떨어지는 꽃잎으로 허락하고 싶다

약속하자

다음 생에 우리 다시 만난다면
절대 사랑하지 말자

난 저기 먼 산 바위로 굳어져 있을 테니
넌 구름으로 스쳐가되
행여 비가 되어 흘러내리지는 마라

미워하는 일 없이 이별하는 일도 없이
묵묵히 서로 외면하다
나는 흙으로 저며져 가고 너는 바람 잡고
흘러흘러 허공 밖으로 멀어져라

혹여, 내가 노을로 불타오르면 넌
골방문 잠그고 들어앉은 노파가 되어
덤덤히 말라붙은 가슴 추스르며
불도 켜지 않은 채 찬밥 같은 하루를
삼키는 저 전생의 외로움들 되자

다시 다음 생에 우리 만난다면
절대 마주보고 웃는 일은
없도록 하자

청춘에게 묻는다

이미 오래전에
날 버리고 간 청춘에게 묻는다

불쑥 새벽녘 잠 깬 슬픔처럼 어둠 속에서도
번뜩이는 청춘의 질리도록 푸른 눈이여
첫사랑에게 그랬듯이 널 붙잡고
밤새 울었다면 넌 지금 내 곁에 있을까
골목길을 휘몰아치다 우연히 서성이는
먼지처럼 만난 나를 알아보고 환히 웃었을까
공포보다 어둡고 얼음보다 차갑게 굳어버린
시린 이별 앞에서 차라리 젊은 날은
뜨거운 지옥이 더 행복하다던
당신 청춘에게 묻는다
기억의 상자 속에 곱게 포장된 변심을 가장한
가여운 광기는 아직 살아 숨 쉬는지
추운 뒷골목 허름한 여관의 잠기지 않던
고장 난 출입문처럼 늘 불안했던 설렘
안쓰러운 집착을 뒤집어쓴 헝클어진 우울
고열에 펄펄 끓다 화상을 입은 정염情炎까지도
다시 내게 올 수는 없는지
아득히 꺼져가는 내가 청춘 당신에게 묻는다

슬픈 재회

당신,
긴긴 세월 속에 묘 하나 파고들어
깊이 파묻힌 줄 알았어요
소나기로 쭉쭉 퍼붓던 시간들과 섞여
흙탕물이 되어 흘러간 줄 알았지요
숨 막히던 여름햇살과 같은 열정
그 잠깐 사이로 구름처럼 지나간 줄
믿었어요

천둥 번개로 부글거리던 신열을 앓고
미지근한 물 같은 미련에 몸 담근 채
퉁퉁 불어버린 건빵처럼
애써 비만의 세월을 살았어요
맞아요, 온탕과 냉탕을 서둘러 드나들다
냉탕마저 뜨거운 통증으로 느껴져
딱딱한 애욕의 바닥에 누워 밤을 지새우며
비로소 한기가 찾아왔을 때, 잊었지요
그런데 하필 찬 겨울바람이
싱거운 국물 같은 추억을 흩뿌리는 오늘

당신은 눈 내린 알프스산맥의
쓸쓸한 풍경화처럼 먼지를 털며
내 안에 앉아있군요

통속시詩

1.
그대 처음
내게 올 때는 몸보다 마음이
한 시간씩은 더 빨리 왔었지
그러면 몸이 마음을 시기하여
오히려 마음보다 더 빠르게
빛을 타고 내 안에 반짝반짝
어느새 파고들어와 있었지

몸과 마음이 서로
내 곁에, 내 안에 들어와
몸과 마음, 마음과 몸의 자리를
차지하려 시끄럽게 다투곤 했었지

그러다 마음이
겨울 오후에 걸린 해처럼 희멀거니
식어서 멀어져가고
몸은 섣달 그믐밤을 꼬박 돌아서서
어둠으로 달려가고

몸이 한 걸음 뛰어가면 마음은 두 걸음
서둘러 족적마저 감추며 사라져갔지

2.
동동, 그대 붙잡고 발을 굴러도
서산마루 노을빛으로 흐르는 몸
마음 붙잡고 애원해도
이미 겨울밤은 차갑게 깊어만 가네

사랑이 끝나면,
몸을 가로지는 마음의 강 얼어붙어
꽁꽁 언 얼음 밑에서 추억은
유유히 헤엄치는 은빛 찬연한 빙어처럼
그저 반짝일 뿐 아무리,
기억의 낚싯바늘로 낚아채도 다만
시리도록 슬픈 과거만 두어 마리
축 처진 채 끌려와
몸으로 마음으로 이제 알았네
미치도록 외로웠던 사랑도 다시는
내 생에 돌아올 수 없는 축복이었음을

폐가廢家·2

대낮에도 불을 켜지 않으면
못 견디게 쓸쓸한 세상이다

젊은 날 내 마음 출입구 통로엔
들여보내지도 내보내지도 못한
참 많은 사람들로 북적인 적 있어
정작 가슴 열어보니 많은 빈방들과
잡초 우거진 넓고 큰 마당이 있고
대문 앞엔 더이상 아무도 지나가지 않는
새벽안개 자욱한 시골길이 멈춰 있는데
고라니가 뛰어가다 로드킬 당한
고속도로만 홀로 멀리 달려가서
쓸쓸하다

쓸쓸해서 가슴속 폐허가 된 옛집
문을 밀고 들어서니 우두커니,
마당 가득 참 많은 외로움들
복장이 터진 채 드러누워 죽지 못해
잡초처럼 매일 자라고 있었네

허물어져 가는 돌담을 따라
아픈 감각은 스러진 지 이미 오래,
한때 두근두근 첫날밤을 훔쳐보던
문종이 다 뚫리고 문살만 남은 문
3대째 손이 끊긴 무덤 같은 방에 앉아
얼기설기 추억의 뼈만 앙상한
여닫이문을 열고 쓸쓸함을 기다린다

누구도 찾지 않을 내 저문 생의 저녁
등불 하나 걸어두고 세월을 서성인다

꽃이 지면서 하는 말

넌 참 좋겠다
나 없이도 살 수 있으니

내 향기에 취해 비틀거리던 바람
내 색깔에 찬란히 웃음 짓던 태양
그 아래 나를 바라보던 너의 눈빛
모두 희미해져 온기를 잃어가는구나

내 불면의 밤이 없었다면
너를 그리며 붉게 번져가던
내 마음이 없었다면
우리 사랑이 있었겠는가

이 겨울,
다시 불면의 밤을 맞이하여
내 생은 참말로 아프게 시들어 가는데
소리 없이 사랑이 지는데
넌 참 좋겠다 내가 없어도
그렇게 웃으며 살 수 있으니

못 이긴 척

늦겨울 만류를 뿌리치고 애써
울긋불긋 호들갑 떨며 피었는데 어떻게
떨어지지 꽃잎, 벗은 모습 민망해
어떻게 보여주지

끝내 시간 때문인 척
서산마루에서 빨갛게 기웃대던 해도
무심히 지고 마는데
철새 떼 노을을 삼키며 날아가도
난 여전히 어둠 속에 혼자 남았는데
세월 탓인 척 늙어가는 것이
뭐 그리 추하다고

봄날은 가고 시들시들 꽃잎 사무쳐가고
우리네 삶도 끝나가니
인생이 모두 그렇다는 척 늙어가자
헛되고 덧없는 것이 인생인 척
멍든 꽃잎 되어 마냥 떨어지자
향기라도 툭 던지며
바람 때문인 척 꽃답게 휘날려보자

이제서야

식어 가는 모닥불이 꺼진 줄도 모르고
검은 재를 뒤적여봅니다
불씨 하나 남아 반짝일까 봐
온기 한 줌 남아 언 가슴 녹일 수 있을까
야윈 희망으로 추억을 뒤적입니다

당신이 저라면
아니, 제가 당신이라면 좋겠습니다
그런 날이 오면
슬픔이 희망이 되고 원망은 아득히
푸른 바다를 껴안은 수평선이 되겠지요
길가 흐드러진 개망초꽃 흰두루미 되어
힘껏 하늘 저 멀리로 날아갈 수 있겠지요
우리들 인연처럼 더 멀어질 수 있겠지요

돌아보지 않으면 후회하게 될까 봐
가던 길 멈춰 서서 뒤를 돌아봅니다
우리 함께 걷던 길에
행복이라는 가로등 하나 세워둘걸

어둠 내려 발자국마저 지워진 길이지만
아무도 머물지 않는 캄캄한 길이지만
돌아보지 않으면 죄가 될까 봐
뒤돌아봅니다
인연은 이미 수평선을 지나 하늘 끝
저 멀리멀리 사라졌다는 것도 모르고
이미 사랑이 끝난 줄도 모르고
이제서야 이제 와서야

겨울이 찾아온 거리

피고 지던 삶의 계절
낮과 밤의 모든 이야기는
결말 없는 프랑스영화처럼 끝났네
위안이랍시고 찾아온 숨죽인 겨울
버리지 못한 시간들을 간직하려고 가슴에
묵직한 장롱 하나 들여놓은 이 겨울,
따스한 추억들은 모두
꽃무늬 화려한 춘추복처럼 개켜
낡은 갈색 장롱 깊숙이 포개 넣고
음산하게 좀약 냄새나는 검정스웨터를
아무리 꺼내 입어도
가벼워지지 않는 쓸쓸한 열망
따스한 세월의 손조차 닿질 않아
차마 닦아내지 못한 먼지 같은 당신

날이 갈수록 시간의 무게로
움푹 파여 깊어가는 아린 상처,
한 번도 위안의 빗자루가 가닿지 못해
그늘만 쌓여 낡아가는 서늘한 장롱 밑

눅눅하고 어둑한 생의 아픈 먼지들
쓸지도 닦지도 못한 후회의 먼지 수북한
언젠가 당신이 꽃피었던 이 거리
다시 찾은 구석진 자리엔
따스한 당신 닮은 봄, 다시 올까

이 겨울, 그리움 닮은 함박눈만
거리거리 바람 따라 거들먹거리네

오독誤讀·2

당신, 이라고 쓰고 슬픔, 이라고 읽는 날
이 올 줄은 몰랐다
사놓고 한 번도 입어보지 못한
유행 지난 옷을 수거함에 버리며
그 옷을 사던 마음은 버리지 못하고
긴 우기에 물 가득 먹은 하마까지 버리면서
이 나이지만 이것은 입을 수 있지
않을까, 하며 손에 들고 몇 번을 살펴본
철 지난 사랑 아, 자신 없어 다시 살피다
슬그머니 집어내고 심장을 덜어내고
텅 빈 옷장에 낡은 나를 벗어 걸어둔다
갇혀 있는 것끼리는 소통하는 방식을
공유할 수 있어서 세월 안에 갇혀 있는
시간과 사랑 안에 갇혀 있는 슬픔이
도둑고양이들처럼 격렬하게 흘레를 한다
슬픔의 시간들이 잉태시킨 불면에
설레발레 선 채로 잠들어가던 전봇대는
아침이 되어도 죽지 않고 서 있다
실오라기 몇 줄만 그것도 어깨에 걸친 채
삶의 무게를 감당하는 비결이 뭘까

삶은 어차피 몇만 볼트인지도 모르는 전력을
파르르 떨며 그저 버티는 전선줄 같은 것
그러다 흐르는 빗물에 감전되는 것이
사랑이라서 어제, 길을 걷다
문구점 오픈식 행사에서 무작위로 나눠준
너무 빤한 선물, 그대 생각처럼 문득 떠올라
포장조차 뜯지 않고 쓰레기통에 던져넣고
요즘 세상에 무슨 펜이 필요해, 라며
어둠에 갇혀 있을 펜을 생각하며 자위한다
그러다 황폐한 사막에 서 있는 듯 쓸쓸함이
찾아올 때쯤 아침 미명처럼 막막히 번지는
슬픔을 혹은 타는 햇볕에 녹아나는
아스팔트 위에서 죽어 썩어가는 고양이를
희망이라는 헛되고도 덧없는 욕정을
읽었다면, 스스로를 속이고 감추려던 나를
여러분들은 모두 오독한 셈이다
지금 나는 세상 어디까지가 진실인지를
아주 명료하게 쓰고 있었으니까
이제 읽는 일만 남아서
-당신, 이라 썼으니 망각, 이라 읽자

저물녘 태양을 등지고 서면

저물녘 들판에서 태양을 등지고 서면
그림자만큼 길어진 그리움이 보이네요
기나긴 세월의 그림자에 몸서리치다
기억의 집 창을 서둘러 닫는 순간
창틈에 낀 검지손톱
한겨울 어둠처럼 시커멓게 멍이 들고
그대가 푸른 멍으로 들어와 마음을 닫다가
손가락처럼 그대가 긴 그림자로 끼어
비명을 지릅니다

한겨울 저물어가는 그대를 등지고 서니
그림자만큼이나 길었던 인생이 보이네요
겨울만큼 시리고 긴 슬픔으로 보이는
비루한 비록 사랑이지만,
몇 가지 슬픔은 부질없는 회한이 되고
나머지 슬픔은 가슴 뜨거운 행복이 됩니다
명색이 사랑이라고

한겨울 저물녘 태양을 등지고 서면
그림자만큼 긴긴 꿈을 꾼 참 뜨거웠던
옛이야기를 하고 싶어집니다

겨울밤 강가에 앉아

바람 찬 강,
짧은 겨울해가 지자
소나기처럼 어둠이 내린다
강물은 어둠이 내리는 속도로
수군수군 얼어붙기 시작했고
한낮에 녹아 흐르던 그리움이 멈추자
강은 뒤척이지도 못한 채
질식해 간다

바람 찬 인생,
겨울해보다 짧은 사랑이 지자
그리움의 웅덩이에 슬픔이 쌓여
강물보다 빠르게 얼어붙어 가고
심장을 쥐어뜯던
혈관을 타고 흐르던 원망
뒤척이지도 못한 채
굳어져 간다

검은 잠

검은 세상에 검은 사람들이 살고 있고
그 사람들 사이로 검은 새가
검은 하늘을 거뭇거뭇 날아오른다

검은 사람들은 검은 집에서 검게 살기에
그들이 마시거나 내뱉는 공기도 당연히 검다
그들은 검은 돈으로 검은 밥을 먹고
검은 침대에서 검은 욕정을 나누다
검은 수렁으로 까맣게 추락한다 그리하여
세상에 검지 않은 것은 아무 것도 없었다
검은 종이에 검은 글씨로 애써 그려보는 삶도
검고 사과도 검고 자동차도 검고 나무도 검고
심지어는 물도 검고
자유도 평등도 원한도 분노도 모두 검으니
빛이라고 별 수 있겠는가, 하여
숭고한 사랑도 검었고 누추한 사랑도 검었다
검었다 그렇게 검은 시선으로 바라보는
검은 세상에 검은 비가 내리는데
검게 부르는 소리에 검은 꿈에서 황망히

검은 희망을 쪼개니 검은 피가 흘렀다
배경음악으로 검은 노랫말을 앞세우고
검은 음악이 달려 나오자
그렇지 않아도 검은 가슴이 타들어 가는데
검은 손이 은밀히 나를 만진다 그만,
나도 검은 화면 속으로 검게 숨어든다

우린 지금 아무 것도 보이지 않는
검은 나라에서 까맣게 그래도 다행히
검게 살아 있어서 살아간다

그 시절 그 날들

하나 또 하나
지나온 시간들이 지워져 간다
조금은 때 묻고 가끔은 버려지면서
살아온 세상에 해가 저물어 이렇게
남루한 어스름을 걸친 채 지워져 간다
기억만 붙들고 있으면 그 시절
그날들 다시 올 줄 알았는데

하루 또 하루 불덩이처럼 뜨겁던
날들이 사라져 간다
죽을 만큼 아팠던 날들이 흩어지면서
삶이 사라져가는 빈자리에
바람에 날린 먼지가 쌓이듯
하얀 망각만 쌓여 백치白癡가 되어 간다
조용히 아주 천천히, 그대
다시 올 줄 알았는데

| 제5부 |

와온바다에서

와온에 오면

1.
산들의 무리에서 도망쳐 내게 오다
우뚝 희망처럼 바다 한가운데
멈춰선 섬 하나 있네
더 이상 멀어지지도 그렇다고
이렇게 가까울 수도 없는
가슴속 모든 애증 쓸어가는 썰물을
타고 가면 닿을 수 있는 거리에
작은 섬 하나 있어
가슴에서 그대 급행열차처럼 빠져나가
줄달음질친 그 슬픔 이후 빙그레
서산마루에 걸터앉아 웃고 있는
저 황홀한 황혼, 와온에 오면
덩그레 나를 보며 다가서고 싶어 하는
영원무궁 아름다운 사랑 이야기 같은
외로운 섬 하나 있다네

2.
와온에선 태양도 마지막 혼신을 불태우다

벌겋게 녹아 스러진다
스스로를 불태우다 재가 되는 해
거무튀튀한 석양의 잿가루들이
뻘밭에 쏟아져 쌓인다
석양 무렵 바닷가에 서 있으면
숯불로 타오르는 저녁해에서 화산재처럼
쏟아지는 해의 금가루를 뒤집어쓴 채
못생긴 짱뚱어도 빨간 금붕어가 된다
긴긴 세월 내려앉은 태양의 재로 인해
바다도 가슴이 잿빛 뻘밭이 되고
흰 두루미도 재두루미가 된다

3.
그리 멀지 않은 바다 건너편에
퍼질러 앉아 졸고 있는 산이 보인다
아직 초저녁인데 졸다가
들물 때가 되면 바로 코앞으로 냉큼
그림자로 다가오는 산
그즈음엔 하늘도 바다에 몸을 풀고

드러누워 파도를 덮는다
와온에서만은,
저녁이 밤을 낳고 밤이 한숨을 낳고
한숨이 슬픔의 칼로 자결이라도 하면
후회가 미련을 낳고 미련은 다시
그리움을 낳는다
그립다
와온에 와서는 그리워할 사람이 있어야
비로소 행복해진다

4.
와온에 오면
간밤에 꾼 단꿈들이 어느새 현실이 되고
쓰디쓴 현실들은 모두 아득한 꿈이 된다
순천만 습지가 갈대들의 대도시라면
이곳은 겸손한 갈대들이 사는 작은 읍이다
순천만 습지에 차마 발붙여보지 못한 갈대들이
인가를 향해 수런수런 상륙작전을 펼치다
우뚝우뚝 멈춰 선다

바람의 지휘에 따라 작전을 펼치다 널브러져
행복하게 온몸 흔들며 깔깔대는 저 병사들

5.
와온에서는 꼰지발을 딛고 서면
머리가 하늘에 닿고 저 새들이 그렇듯이
누구나 두 팔로 날갯짓을 하면
절망의 먼지 털어내고 하늘로 오를 수 있다
꽉 막힌 감옥 같은 세상에서 드물게
희망보다 새파랗게 뭉게구름 떠가는
하늘 창이 열려있는 곳이기 때문이다
와온에 오면 오살나게,
흥미진진한 소문들처럼 살아 떠도는 바람이
옹기종기 모인 갈대들의 상처를 쓰다듬듯
개펄도 바다도 석양도
심지어 시간까지도 살뜰히
우리네 상처를 어루만져 준다

겨울 만가輓歌
-갈대밭에서

내 심장 피톨이 얼어붙었어
혈로血路가 막혀가고 있어
아 누가 날 좀
덥혀줘, 조금만 아주 조금이라도

내 목의 줄을 풀어줘 제발
숨을 쉴 수가 없어
바람이 스칠 때마다 온몸이 흔들려
내 생명이 출렁거리고 있단 말야
가라앉을 거 같아 이러다
쓰러질…거야 차라리, 나를 놓아줘
저 바람에 미친 척 머리 풀어 헤치고
자유를 찾아 하늘로 오르고 싶어
내 발목을 놓아줘

순애보

꽃이 졌으니 이제
너를 잊도록 하겠다

창밖 꽃밭에서 밤새
목 터지게 통곡소리 들려와

저렇게 꽃들마저
이승의 짐을 싸는 봄밤인데

모질게 들러붙던 눈빛, 두근대던 미련
모조리 버리도록 하겠다

간밤 꿈보다 쉽게 꽃이 졌으니
그만 짐을 싸고 너에 대한 기억은
이승에 두고 가야겠다

전하지 못한 안부

제아무리 매서운 겨울바람이라도
꽃잎을 만지고 오는 바람은
향기롭고 따스하다는데

멀지 않은 곳에 봄이 있듯이
멀지 않은 세월 속에 너가 있는데
잊고 살았다 잊으려 애쓰며 살았다

제아무리 고달픈 인생이라도
사랑에 손 담그고 온 사람은
후회조차 따뜻해 꽃 꿈을 꾼다는데

오늘밤은 나를 향해 지긋이
불 밝히던 너의 목련꽃 닮은
미소를 그리다 날을 새련다

슬픔으로 슬픔을 이기다

기쁨은 내 몫이 아니라서 항상
희열의 강 저편에 홀로 숨어 흐르고
슬픔은 언제나 나만의 몫이라서
아직도 털어내지 못한 먼지보다 못한
망할 놈의 사랑,
고동치는 심장을 파고들어
뿌리 내리는데
함부로 부는 바람 따라
방향 잃고 헝클어진 머릿결처럼
체념 속에서 킬킬대며 흐르는
세월 따라 슬픔의 잔뿌리들
뒤엉켜 파고든 그대, 겨울
어언 겨잣빛 봄날 새싹 말라비틀어져
인적 끊긴 인생 비탈길에 어둡게 쌓인
미련인가 몹쓸 사랑은, 이제 슬퍼도
아프지 않아 슬픔의 힘으로
사랑을 이겨내는데 유독 그리움은
아프다

순천만에서 웃는 법을 배운다

1.
늦여름 끝자락이라도 붙잡을까, 순천만에 왔다
밤 축제가 끝난 새벽 운동장처럼 시름시름
평생을 머물던 사람이 떠난 가슴처럼 휑,
밀물이 휩쓸고 달아나 정적만 아득한 개펄
먹이를 쫓다 정작 달아나는 칠게를
우두커니 외면하는 물새 한 마리
멀거니 허기진 눈으로 하늘을 보다
달아나는 여름을 붙잡아볼까, 날아오른다
순천만에서는 바다보다 하늘이 더 가깝다
하여, 새들도 바다보다 하늘로 향한다
저녁 해 실핏줄 붉게 터져 하늘길이 열리면
바람들마저도 갈대들에게 말을 건네다
늦여름 끝자락을 잡고 하늘로 간다
이게 순리야, 세상 모든 끝은 하늘이야
바람의 몸짓으로 춤추는 갈대들, 배운다
불태운 날들 청춘의 갈망들이 배설한
허무까지 끌어안고 웃는 갈대들을 배운다
발이 묶여 자유를 향해 날아가지 못해

가는 계절을 향해 손 흔드는 갈대들
떠나는 바람에 뒤섞여 절규하다 기꺼이
미련까지도 손 흔들어 보내는 갈대들의
흐느끼는 몸부림을 배운다
그대 불타던 마음 끝자락이라도 붙잡을까,
순천만에 왔다

2.
썰물처럼 서둘러 갈숲을 빠져나가는 바람
저 바다에처럼 황망히 그대에게 닿을 즈음
가을이 가고 겨울이 올까 그때쯤이면
북쪽 하늘 끝 철새들이 데려온 바람에
누렇게 뜬 갈대들 혼을 부르는
작두춤이라도 출까

그날도 오늘처럼 그대 잊히지 않으면
살얼음이 상처처럼 얼어붙은 개펄에
내려앉아 철새가 돼야 할 텐데
위로보다 보들한 늦여름 바람 기억들은

한겨울에도 포근한 하늘 이야기 들려줄까
추억이라는 살풀이장단에 온몸 흔들어볼까

가슴에 타오르던 불
바람이 불어와 꺼져가고 있네

암癌병동에서

삶이 요동치는 큰 바다에서
무거운 삶을 지고 종이배를 탔다

풍랑을 만나 표류한 내 생의 섣달 그믐밤
스산한 섬에 좌초되어 짐을 풀고 누웠다

오늘밤 잠들면 영원히 자는 거야,
자는 거야, 는 거야, 거야, 야
야~ 죽음이 유혹하는 깊은 석회동굴 속
그래도 살아보려는 종유석鐘乳石
끝에 맺힌 눈물
눈을 떠야 해, 야해, 해~
메아리로 뚜욱 뚝,
떨어져 잠들어가는 하얀 석순石筍

황금빛 가면을 쓴 유전자 세포를
나눠 가진 우리 씨족들
좁은 동굴에 갇혀 잠들어가다
구차하게 하루를 더 살면서 고통까지

하나님이 내린 선물이랍시고
감사기도를 하다가
꼭 이렇게까지 살아야겠는가,
몇몇이 어두운 구석에 둘러앉아
체제전복을 운운한다
제사상을 차려두고 우상을 숭배하다
동굴 밖으로 뛰쳐나가기도 하고
숨어서 금기된 음식으로 고사를 지낸다
하지만, 누구나 가슴속에는
커다란 태양을 벽화로 그린다
대낮보다 밝은 생명을 꿈꾼다
오늘도 여전히

뿌리 뽑지 못하고

붉은 꽃잎 떨어진
선인장 화분을 창가로 치우다
손가락 가득 가시가 박혔다
이까짓 거, 손톱깎이로 살을 뜯어내
핀셋으로 눈에 보이는 가시는
간신히 뽑았지만 깊은 곳에 박힌 것은
사랑일까 보이지도 않아
날카로운 바늘로 후벼 팔수록
더 깊이 박혀가는 후회
뿌리 뽑지 못하고
어둠에 곪아 썩어가는 외로움
밤새 아려오는 미련 버리지 못하고
불면의 새벽, 퉁퉁 부은 손가락 상처에
박힌 가시 빼지도 못하고
가슴에 쌓인 붉은 선인장 꽃잎
아파서 치우지 못하고
끝내 너 하나 뿌리 뽑지 못하고

그리운 어머니에게

1.
항상 뒤에서 언제까지나
돌아보지도 않는 나를 향해
손 흔드는 여자
세상 빈 여백은 감추려 애쓰던
이제서야 머리 풀고 내 안에서
흐느끼는 슬픈 여자

2.
어머니,
오래전 내가 살던 몸의 집
낡은 기억의 쓸쓸한 육지
검푸른 바다에서 풍랑을 만나 표류하다
힘겨워 돌아보니
내가 탄 조각배보다 더 조그맣게
수평선 위에 얹혀 가물거리는 한 점
도저히 떠오르지 않는
다만 아늑했던 옛이야기의 마침표

어머니,
이미 가라앉아버린 신화 속의
늘 푸른 까막섬
하지만 언제나 안쓰러움 저만치서
나를 기다려주는
부드럽게 따스한 불 밝힌
꿈길

행복한 시간

고달픈 하루 중에도 분명
행복한 시간이 있다

해질 무렵부터 어둠이 내리기 전까지
가만가만 들어보면
바위틈에선
저윽한 클라리넷 소리가 들려오고
나무 밑동이나 풀 틈에선
그을음 냄새가 난다
때맞춰 바람이라도 뒤척, 하면
검고 작은 알맹이가 된 공기들
어둠으로 쌓이다 움찔하는 게 보인다
차마 쓸어버리지 못한
태양의 온기가 서성대다
땅속으로 파고드는 모습이 보인다
세파에 찌든 캄캄해진 눈으로도
우리네 마음속 행복이 보인다

행려行旅, 먼 길에의 그리움

1.
밤새 흰서리 맞은 국화가
햇빛으로 투명해져 속살이 비친다
누굴 기다렸을까 저 모양으로
무얼 기다렸길래 간밤 저다지
냉랭한 칼바람에
꺼칠한 상처로 피가 마를까
온 뿌리 쥐어짠 국화의 누런 피가
얼굴 가득 안타까워

칼부림 소리를 내던 철 이른 바람 새벽을 따라가고

2.
 여전해요 오늘도 원치 않은 삶의 방탄복을 입고 거리에 섰어요 거리는 온통 빨간신호등이 켜져 있어요 아, 어머니 저의 도덕심으로는 저 신호를 위반할 수가 없어요 없어서, 종일 고장난 신호등 앞에서 파란불을 기다렸어요 듣고 계신 가요? 다리가 저려오고 온몸이 굳어지너니 의식까지도 제 키의 피뢰침을 타고 땅으로 흘러버렸어요 그렇지만 견딜만

했어요 어머니가 제게 주신 것이 한 줌, 하루를 버틸 수 있는 인내였나요? 평온의 씨앗이라던 무지였나요? 그 사이에 많은 사람이 저를 밀치고 스치고 지나갔어요 가끔은 고마운 사람도 있었어요 날 보며 웃어준 사람, 나와 한참을 서서 그것도 나란히 파란불을 기다려준 사람 하지만 결국은 떠났어요 모두 가면서 저를 돌아보는 그 눈길이 그래요, 그 눈길이 마지막 가던 어머니 당신의 눈길이었어요 그런데 어머니 어떡해요 아무도 제게 총을 쏘지 않아요 저는 그만큼 쓸모없는 인간인가요? 수많은 사람과 차들이 제 앞을 지나치면서도… 경계하는 제 눈빛 때문이었을까요? 제가 걸친 생명의 두께를 알아챘을 거예요 아마. 그래요 반나절만큼의 누런 권태를 씁쓸히 빨아먹고 거리에 버릴 때쯤이었을 거예요 해가 비스듬히 머릿꼭지를 돌아 오전의 그림자를 무참히 핥고 있었으니… 검은 세단 한 대가 제 앞에 멈추더니 슬슬 시커먼 창을 내렸어요. 그리고 까만 선글라스를 낀 짧게 머릿기름을 가시면류관처럼 곤두세운 남자가 뭔가를 감추려고 미소를 내밀었어요 그의 입에서 나온 자음과 모음들이 교접을 하며 제게로 달려들었어요 다짜고짜 '땅끝'으로 가려면 어디로 가느냐는 거예요 그 상징과 은유가 저를 전율시켰어요 아 드디어, 먼 하늘에 하얀 새털 같은 구름 한 점이 흘러가더군요 나도 저렇게 흐르리라 흐를 수 있으리라, 저는 구름에 얼굴을 맞춘 후 눈을 감았어요 치열한 총소리를 기대했어요 평화로 따뜻한 정적의 오후 두 시를, 거리와 하늘을 내 기억 속에 담은 채 그러나, 바람이 지나가는 서슬에 눈 떠보니 아무도, 아무도 없었어요 생의 끝으로 저를 데려다 줄 사람이 없어진 거예요 제 마음속 어머니가 심어준 삼십 년 넘어 묵은, 집념으로 앙상한 나무가 아쉬운 가지를 흔들었어요 죄다, 생명이 무너지는 자리 저기 겨잣빛 거리 은행잎 떨어지는 소리를 따라 땅끝을 찾아가야겠어요 특별히 가야할 곳은 없으니까요 우선은 신호등이 없는 길을 택해 인생을 우회하면서

3.
겨울로 접어들면서 해는
마냥 무거워지기만 합니다 힘겹게
정수리 위론 오르지도 않고 저물어버려
지친 한숨 몰아세워 산등성이에 올라
눈물보다 뜨듯한 큰 바위에

젖은 빨래를 흉내 내며
온몸을 바짝 붙여 널어 봅니다 뭉게뭉게, 어머니
바로 당신의 체온이 이대도록 전해져오지만
사랑처럼 식은 줄 모르게 무참히
식어 버립니다 다 식은 사랑
보다 내 안이 훨씬 캄캄해져 옵니다

빛을 열어 주세요 제발
단백질 없이는 살 수 있어요 다만
빛을 가리지 말아주세요
저는 거대한 엽록체가 되어 있어요 온몸에
소름 돋은 엽록소가 푸릇푸릇 보이지 않나요

허기진 어제보다 참담하게 지나온 오늘은
어머니 자궁 속이 따뜻하게
그리워요 어머니,
그곳에서 저도
겨울잠을 잘 수 있었으면 참 좋겠어요

4.

 아이들은 나락밭 볍씨를 보고 쫑쫑거리는 참새 떼인가 봐요 먼지를 일으키며 그들의 쾌감을 들고 내게로 몰려와요 두려워요 아, 저는 간음한 적이 없어요 간음할 여력도, 여자도 없어요 후둑후둑 소나기소리로 돌멩이가 제 얼굴과 머리와 가슴에 비수로 박혀 와요 제발 그만두게 해 주세요 알고 있어요 저를 치는 건 아이들이 아니예요 세상이죠 제발 그만, 저의 하얀 상념의 두개골이 보이지 않는 건가요 제 인내의 시린 상처를 볼 수 없나요 세상이 소리를 지르라 지르라 목을 졸라요 그런 세상을 용서하고 싶어요 그렇지만 저에게는 찢어진 이마에서 흐를 뜨거운 열정이 더 이상 없어요 남아있지 않아요 오직 초록이 다 지나간 차디찬 갈색의 생명이 있을 뿐이에요 도망칠 수가 없어요 아니 저 아이들에게서 떠나고 싶지 않아요 이럴 땐 어머니의 나직한 꿈마저 잠재우던 자장가가 그리워요 머리를 훑어 기억 속으로 그 노래 그 목소리 휘파람 불다 보면 우두커니 저는 저리에 붙잡힌 전봇대가 되어 가요 당연히, 죄 없는 자들의 돌팔매질을 받고 싶이지요

 얇은 습자지로 덮은 겨울 하늘에 저녁 해가 터져 스러지고

있어요 저저 좀 봐요 누가 저 하늘에 식어가는 홍차를 엎지르고 있어요 힘 없이도 스며 번지는군요 저 까치노을을 배경으로 제가 서 있는 모습을 그려보세요 어머니, 보이세요? 저기 길이 끝나는 길에 빨간신호등이 켜져 있어요 신호를 위반하고 싶지는 않아요 파란불이 켜질 때까지 저 노을이나 보고 있을래요 그러다 파란불을 놓칠까 봐 겁이 나긴 하지만

  아, 세상은 왜 이다지도 아름다워서 날 떠날 수 없게 붙잡는 걸까요

  5.
  한 번은 해를 따라난 길을
  따라간 적이 있다 그 때
  길의 끝에 있을 또 다른 길을 생각하며
  해를 보냈다
  어떠한 바다도 절대
  내가 살아온 거리만큼의 슬픔이라는
  먼 길을 가지고 있진 않으리라 그러나,
  세상의 모든 길엔 언제나 무성하게 낯익은

가로수가 있으리라
그 길은 하도 무성해서 늘상
깊은 어둠이었지만 살아있는 동안은
깨어있고 싶어 발길 돌려 동해로 간다
내가 붙잡지 못한 뜨거운 생명이 거기 있어
전생에 나를 유혹해 내 날개 불사른 그 빛
언젠간 날개도 없이 다시 몸을 던지리라
하지만 지금은 내 삶의
뜨거운 사랑에 온몸이 가려워 미친 듯이
몸을 긁어대자 돋아나는 슬픔만 붉다
환멸이 타들어 갈 하루에 다시 불붙는다
절망을 견뎌온 상처가 뜨거운가 보다
저 바다도
온몸을 파도로 긁어 파대지만
긁을수록 설움의 진물은 마르지 않아
태양을 토하고도 결국은 저렇게
퍼렇게 주저앉는다

오래된 샘

젊은 날, 지나고 보니
한때지만, 사람들은 수없이
내 곁으로 몰려들어
내 가슴을 후벼파 삼키다
세월을 따라 내게서 멀어져 갔다

차츰 내 안으로 흐르던
푸른 정맥은 시들해지고
어쩌다 지나치는 사람들마저도
내 가슴 깊이 짱돌을 던졌다
샘솟던 희망이 말라가는 자리
차가운 돌무더기만 수북해 이제는
돌을 맞아도 풍덩 숨 삼키지 않는다
그저 가볍게 세상을 받아치며
또르르 안으로만 구르다
쌓이는 외침에 동맥도 막히고
서서히 생각 없는 내가 되어 간다

아주 오래전에
사람들은 내게서 멀어져갔고
나는 다행히 잊혀져 가고 있다

더 늦기 전에

새벽이 오기 전에 나 떠났어야 했나
캄캄한 하늘 안에서만 초롱초롱
빛나던 맹세처럼 반짝이던 눈동자
또 다른 어둠을 찾아 떠나리라
다짐하며 처연히도 지샌 밤이었으니
또 다른 별들을 따라 나 떠났어야 했나

반짝일 시간 얼마 남지 않았으니
새벽이 오기 전에
집착의 얇은 지갑은 버리고
남은 후회를 털어서라도
전 생을 털어서라도 빛났어야 했나

한사코 놓지 않는 희미해져가는
어둠 속 그대 미련의 야윈 손
야멸차게 떨치고 기필코 떠나리라
뜨거운 밤 불태웠으니 빈 몸 빈손으로

한때 찬란했던 시절에까지

이별을 고하며 새벽별로 빛나리라
희미하게 스러져가는 밤의 고요 한 자락
뒤집어쓰고 깜박깜박 꺼져가는 열망
식어가는 생명을 열창하리라
반짝일 시간 얼마 남지 않았으니
아침이 밝아오기 전에
더 늦기 전에

|해설|

그리움의 시학, 행복의 시학
― 김동호의 시세계

한명희 | 시인. 강원대학교 교수

1. 노스탤지어

　김동호는 '그리움의 시인'이다. 그의 세 번째 시집 『알맞은 어둠과 따뜻한 황홀』을 관통하는 주된 정서는 '그리움'이라고 보아도 좋겠다. 어떤 대상을 좋아해서 곁에 두고 싶지만 그럴 수 없어서 애타는 마음이 그리움이다. 그리움의 대상은 구체적인 사물일 수도 있고, 추상적인 정서일 수도 있다. 어쨌거나 지금 당장 여기에 없으므로 그리운 것이다. 그러니까 '그립다'라는 형용사는 보고 싶거나 만나고 싶은 마음이 간절할 때, 또 어떤 것이 매우 필요하거나 아쉬울 때 쓴다. 사람들은 모두 적거나 많거나 간에 그리움을 가지고 살아간다. 그 강도나 크기는 모두 다르겠지만 그리움이 없는 사람은 없을 것이다. 우리가 가장 쉽게 떠올릴 수 있는 그리움의 대상은 사랑하는 사람이 아닐까 싶다. 김동호 시인의 시에도 사랑하는 사람을 그리워하는 심정이 자주 드러난다.

> 그리고 많은 세월이 흘렀다
> 그런 후 다시 또 세월이 흘러갔다
>
> 그렇게 많은 날들이
> 다시는 오지 않을 시간의 창 밖
> 한낱 풍경들로 지나갔다
>
> 그리고 다시는 오지 않았다
> 유독 한 사람 그 사람은
>
> ―「사랑 그 후」

김동호 시인의 시 중에서 인용한 「사랑 그 후」처럼 짧은 시는 많지 않다. 아마도 시집을 통틀어 가장 짧은 시가 이 시일 것이다. 그러나 나는 이 짧은 시를 해설의 첫 시로 골랐다. 짧지만 많은 이야기를 담고 있는 좋은 시라고 생각하기 때문이다. 시는 '그리고'로 시작된다. 많은 사연을 생략한 채 그냥 '그리고 많은 세월이 흘렀다'라고 말한다. 시의 제목이 「사랑 그 후」이므로, '그리고'는 시의 문맥으로 미루어 '그 사람이 가버리고 난 후'로 이해된다. 두 사람 사이에 어떤 일이 있었는지 구체적인 사연을 말하지 않음으로써 오히려 두 사람의 이별이 애절하게 느껴지게 하는 것이 이 시의 매력이다. 어느 정도를 '많은 세월'이라고 할 수 있을지 모르겠으나, 시인은 '많은 세월'이 흐르고, '그런 후 다시 또 세월이 흘러갔다'라고 말함으로써 사랑 그 후의 세월이 결코 짧지 않았음을 보여주고 있다. 사랑하는 사람이 떠난 후 하루하루는 무척 길게 느껴졌겠지만 지금 와서 생각해보면 그 많은 세월은 '한낱 풍경들로 지나'가 버린 것이 된다. 이렇게 오랜 시간이 지나도 잊지 못할 그 사람은 누구일까? 그렇게 오랜 세월을 기다려도 그 사람은 다시는 오지 않았고, 그 사람에 대한 그리움만이 남아 있다. 김동호 시인의 시에는 이렇게 사랑하는 사람에 대한 그리움을 노래한 것이 많다. 다음에 인용할 시 「당신, 홍매화」도 '그대'에 대한 그리움을 노래한 시이다.

겨울이 채 가기도 전에
그대 영영 멀어지기 전에 이렇게
활짝 웃어도 될까
싸늘히 지는 놀이 가슴 저미는데
질리도록 빨갛게 소리 질러도 될까

겨우내 뜨거운 피 뿌리에 감추고 견딘
인고의 시간이 너무 길었나
취한 척 속없이 해롱대는 홍매화
벌써 찬바람에 생을 맡기고 원통하다
홀연히 꽃잎 지려는가

홍매화 피어나 그대 그리운 날엔
추억을 따라가며 저녁놀보다 붉게 울다
기어이 충혈된 눈으로 지친 척
미친 척 소리 내어 섧게,
서럽도록 웃어도 될까

— 「당신, 홍매화」

 이 시의 '그대'는 앞의 시 「사랑 그 후」와 더불어 '연인'을 떠올리게 한다. 실제로 김동호 시인의 시에는 떠나간 '사랑'과 관련된 시가 많다. 그러나 그의 시에 드러나는 사랑의 대상을 굳이 '이성'으로 국한할 필요는 없을 듯하다. 그의 시에서는 '어머니'가 '연인'의 모습으로 드러나는 경우가 많기 때문이다.

1.
항상 뒤에서 언제까지나
돌아보지도 않는 나를 향해
손 흔드는 여자
세상 빈 여백은 감추려 애쓰던

이제서야 머리 풀고 내 안에서
흐느끼는 슬픈 여자

2.
어머니,
오래 전 내가 살던 몸의 집
낡은 기억의 쓸쓸한 육지
검푸른 바다에서 풍랑을 만나 표류하다
힘겨워 돌아보니
내가 탄 조각배보다 더 조그맣게
수평선 위에 얹혀 가물거리는 한 점
도저히 떠오르지 않는
다만 아늑했던 옛이야기의 마침표

어머니,
이미 가라앉아버린 신화 속의
늘 푸른 까막섬
하지만 언제나 안쓰러움 저만치서
나를 기다려주는
부드럽게 따스한 불 밝힌
꿈길

  —「그리운 어머니에게」

 시인에게 어머니는 '내가 살던 몸의 집'이다. 그러니까 시인에게 어머니는 생명을 준 존재이며, 언제까지나 나를 향해 손 흔드는 존재이다. 어떤 연유에서인지 어머니는 없고(그리운 어머니에게라는 제목은 화자의 옆에 어머니가 없음을 암시한다.) 그는 어머니를 계속 그리워한다. 그립다는 것은 보고 싶은데 지금 옆에 없다는 것이고, 옆에 없지만 잊을 수 없다는 말이다. 그리움은 아쉬움으로 이어지고 아쉬움이 커지면 그것은 상처가 되기도 한다. 그래서 그리움과 상처가 한 곳에 있는 「와온에 오면」 같은 시가 탄생하기도 한다.

 김동호 시인의 시에 그리움에 대한 것이 압도적으로 많고, 특히 연인과 어머니에 대한 그리움을 토로한 시가 많다. 그의 시에서 중요한 것은 사람에 대한 그리움과 더불어 청춘과 젊음에 대한 그리움이 곳곳에 드러난다는 점이다. 연인과 어머니를 그리워하는 것도 사실은 그들과 함께했던 시기가 시인이 젊었던 시절과 겹치기 때문일 것이다. 청춘을 자신을 버리고 간 사람으로 의인화한 시 「청춘에게 묻는다」를 보자.

 이미 오래전에
 날 버리고 간 청춘에게 묻는다

 불쑥 새벽녘 잠 깬 슬픔처럼 어둠 속에서도
 번뜩이는 청춘의 질리도록 푸른 눈이여
 첫사랑에게 그랬듯이 널 붙잡고
 밤새 울었다면 넌 지금 내 곁에 있을까
 골목길을 휘몰아치다 우연히 서성이는
 먼지처럼 만난 나를 알아보고 환히 웃었을까

공포보다 어둡고 얼음보다 차갑게 굳어버린
  시린 이별 앞에서 차라리 젊은 날은
  뜨거운 지옥이 더 행복하다던
  당신 청춘에게 묻는다
  기억의 상자 속에 곱게 포장된 변심을 가장한
  가여운 광기는 아직 살아 숨 쉬는지
  추운 뒷골목 허름한 여관의 잠기지 않던
  고장 난 출입문처럼 늘 불안했던 설렘
  안쓰러운 집착을 뒤집어쓴 헝클어진 우울
  고열에 펄펄 끓다 화상을 입은 정염情炎까지도
  다시 내게 올 수는 없는지
  아득히 꺼져가는 내가 청춘 당신에게 묻는다
  　　　　　　　　　　　-「청춘에게 묻는다」

「한여름 낮 열두 시」라는 시는 유년의 동심과 순수에 대한 그리움을 이야기한 시이다. 동심과 순수를 지녔던 그 시절은 한여름 낮 열두 시로 비유될 만큼 뜨거운 시절이었고 또 신록의 시기이기도 했다. 지금도 그때에 대한 그리움은 뜨겁게 타오르지만, 그 시절은 결코 다시 돌아올 수 없다. 위에서 인용한 시 「청춘에게 묻는다」에서도 청춘은 '화상을 입은 정염'이 있던 그야말로 펄펄 끓는 시절이었다. 그러나 현재 시인은 '아득히 꺼져가는' 중이다. 그리고 그 불길은 되살아날 가망이 없다. 청춘은 '이미 오래전에 날 버리고' 가버렸기 때문이다. 꺼져가는 나를 버려두고 가버린 청춘, 그것이 내게로 다시 올 수는 없다는 것을 시인은 너무도 잘 알고 있다.

여기서 다시 생각해보게 된다. 김동호 시인이 연인이나 어머니를 그리워하는 것은 그 대상 자체에 대한 그리움이기도 하지만 그들과 함께했던 시기, 즉 유년기와 청춘기에 대한 그리움일 것이다. 시집 전편을 통해 그리움의 정서가 압도적인 이유는 김동호 시인이 지금 인생의 겨울에 와있음을 절실히 느끼고 있기 때문이다. 연인에 대한 그리움, 어머니에 대한 그리움, 유년 시절에 대한 그리움, 청년기의 열정에 대한 그리움, 이런 것들을 모두 묶어서 '노스탤지어'라고 불러도 좋겠다. 인생의 겨울에 선 시인의 노스탤지어. 김동호 시인의 시에서 가장 많이 드러나는 시어를 하나 꼭 집으라면 '세월'이라고 할 수 있겠는데 흘러 가버린 세월을 반추할수록 노스탤지어는 깊어진다.

2. 검은 희망

그리움이 깊으면 후회와 미련이 많아지게 마련이다. 그리움은 과거에 대한 반추이고, 인간의 삶은 완벽할 수 없기에 과거를 돌이켜보면 미련이 남는 일도, 후회스러운 일도 떠오르게 된다. 지나간 어떤 일들은 상처로 남아 있기도 한다. 노스탤지어를 노래하는 시에서 상처와 미련과 후회가 드러나는 것은 당연한 일이다. 김동호 시인의 시에도 지나간 시절에 대한 후회와 미련, 그리고 상처가 드러난다. 그러나 그는 이런 것들을 토로하는 것에 그치지 않는다.

내 가슴에서 그대가 빠져나가듯이
온 산 초록이 썰물처럼 빠져나가자
함성을 지르며 밀려오는 붉은 상처들
뜬소문처럼 무성했던 푸르던 날들이야
무성할수록 빛 없는 그늘이 많았었지

그렇다면 후회는 하지 말자

초록이 지워진 자리마다
한숨처럼 터지는 빛바랜 정열
그대 기억의 정원에 나는
꽃잎 하나 떨구지 못하고 시들었어
시들어갈수록 상처는 아름다워져

그렇다면 다행인데,

왜 하필 나는 철새가 됐을까
생의 빈 하늘 찬 바람길 떠돌다 왜
지쳐가야 하는 걸까
평생을 살며 지켜온 신념은,
젊음은 고독은 열망은
희망을 따라 웃던 절망까지도 전부
어디로 갔을까
우린 끝내 어디로 가는 걸까

−「가을 독백」

이 시는 가을이라는 계절에 하는 독백이기도 하고, 인생의 가을에 하는 독백이기도 하다. 인생의 가을에 서서 뒤돌아보는 자기 삶을 돌아보고 있는 것이다. '초록'은 '여름'과 함께 '젊은 날'을 상징한다. 초록에 빠져나간 자리에 빨간 상처가 선명하게 남았다. 초록이 빠져나간 자리에는 빛바랜 정열만 남아있다. 그러나 '꽃잎 하나 떨구지 못하고 시든' 꽃은 시들어갈수록 상처가 아름다워진다고 말한다. 시는 찬 바람길 떠돌다 지쳐가는 철새의 쓸쓸한 독백으로 끝나지만, 이 철새도 평생을 지켜온 신념이 있다는 굳건한 인생은 오래 남는다. 화자는 젊은 시절이 열망, 희망의 계절만이 아니라 고독과 절망의 시절이라는 걸 잘 알고 있다. 그에게는 변화하는 계절을 자연스럽게 받아들이는 한편, 상처가 더욱 아름다워진다는 스스로의 위로가 있는 것이다.

김동호 시인의 시세계의 특징을 '노스탤지어'로 규정해 보았지만, 그의 '그리움'은 잃어버린 것들을 안타까워하면서 자기 연민에 빠져있는 그런 그리움은 아니다. 그에게는 "세월을 따라 내게서 멀어져"간 사람들(「오래된 샘」)을 자연스럽게 받아들이는 원숙함이 있다. 유년 시절을 이야기하지만 현재와 과거를 비교해 현재를 불만스럽게 생각하는 일도 없다. 지나간 시절에 대한 미련과 후회가 없는 것은 아니지만 미련과 후회를 얘기할 때도 지나치게 자책함으로써 자신을 폄훼하지 않는다. 그의 노스탤지어는 봄, 여름, 가을을 잘 보낸 후 겨울을 앞둔 나무의 노스탤지어인 셈이다. 그렇기에 그는 쉽게 희망을 이야기하지 않는다.

  누군가의 시집 속에 '희망'이라는 말이 많이 나온다면, 그것은 거꾸로 그 시인이 희망이 없는 상황, 혹은 희망이 꼭 필요한 상태라는 것을 보여주는 것이라고 할 수 있겠다. 절망적인 현실에 처해있는 것까지는 아니더라도 현실의 부족분을 미래에 대한 막연한 기대감으로 채워보려는 것이 '희망'이 아닐까? 그렇기에 키케로는 삶이 있는 한 희망은 있다고 했으리라. 희망을 색깔로 표현한다면 어떤 색이 적당할까? 무채색보다는 유채색이어야 할 것 같고 이왕이면 화려하고 밝은 색이어야 할 듯하다. 한 가지 색으로는 부족해서 무지갯빛으로 희망을 나타내기도 한다. 그러나 김동호 시인에게 있어 '희망'은 '검은색'이다.

    검은 세상에 검은 사람들이 살고 있고
    그 사람들 사이로 검은 새가
    검은 하늘을 거뭇거뭇 날아오른다

    검은 사람들은 검은 집에서 검게 살기에
    그들이 마시거나 내뱉는 공기도 당연히 검다
    그들은 검은 돈으로 검은 밥을 먹고
    검은 침대에서 검은 욕정을 나누다
    검은 수렁으로 까맣게 추락한다 그리하여

세상에 검지 않은 것은 아무 것도 없었다
검은 종이에 검은 글씨로 애써 그려보는 삶도
검고 사과도 검고 자동차도 검고 나무도 검고
심지어는 물도 검고
자유도 평등도 원한도 분노도 모두 검으니
빛이라고 별 수 있겠는가, 하여
숭고한 사랑도 검었고 누추한 사랑도 검었다
검었다 그렇게 검은 시선으로 바라보는
검은 세상에 검은 비가 내리는데
검게 부르는 소리에 검은 꿈에서 황망히
검은 희망을 쪼개니 검은 피가 흘렀다
배경음악으로 검은 노랫말을 앞세우고
검은 음악이 달려나오자
그렇지 않아도 검은 가슴이 타들어 가는데
검은 손이 은밀히 나를 만진다 그만,
나도 검은 화면 속으로 검게 숨어든다

우린 지금 아무 것도 보이지 않는
검은 나라에서 까맣게 그래도 다행히
검게 살아 있어서 살아간다

― 「검은 잠」

　김동호 시인의 시 중에서 드물게 상징이 두드러진 시이고 또 드물게 부정적 정서를 드러낸 시이다. 검은 사람들이 검은 세상에서 검은 것들로 둘러싸인 채 살아간다는 비교적 단순한 진술들로 이루어져 있다. 그러나 이 시가 지닌 생각의 깊이는 깊다. '검은 희망을 쪼개니 검은 피가 흘렀다'라는 구절을 보자. 어렵고 힘들 때 떠올리는 것이 희망이다. 현재 없는 것에 대한 염원을 담고 있는 것이 희망이다. 그런데 이 검은 세상에서는 희망마저 검은색이다. 희망은 최후의 보루 같은 것인데, 이 희망이 검은색이고 더구나 이 희망을 쪼개니 검은 피가 흐른다면 이 검은 세상을 무슨 힘으로 살아갈 수 있을까? 그런데 김동호 시인은 절망하지 않는다. 그는 담담히 이렇게 말한다. "까맣게 그래도 다행히/검게 살아 있어서 살아간다"라고. 쉽게 희망이 있다고 말하지 않는 것, 그렇다고 절망하지도 않는 것. 이것이 김동호 시인의 시의 힘이라고 생각한다.

3. 행복

인생의 각 단계를 사계절에 비유하거나 하루로 비유하는 건 인류 보편적인 방식이다. 오이디푸스 신화 속 스핑크스가 던진 질문도 아침에는 네 발로, 점심에는 두 발로, 저녁에는 세 발로 걷는 것이 무엇이냐는 것이었다. 사계절이 인간의 일생이라면, 여름은 청춘에 해당하고, 가을은 중년에 해당한다. 겨울은 모든 생물이 '죽음'으로 가는 계절이다. 사람은 자주 나무로 비유되기도 한다. 씨앗을 뿌리고, 새싹이 나고, 꽃이 피고, 낙엽이 지고 하는 것이 모두 인간의 라이프 사이클에 대응한다고 보는 것이다. 김동호 시인도 신록의 청춘과 낙엽 지는 중년을, 또 잎이 모두 떨어지는 노년을 이야기한다. 그의 시에 봄, 여름, 가을, 겨울처럼 계절과 연관된 시가 많은 것은 시인이 자신이 삶을 돌아보며 다가오는 날을 준비하는 것과 무관하지 않다.

    이 가을은
    그냥 보내지 않겠다
    마음 앞세워 떠나는 세월
    식어가는 사랑인가 붙잡을 수 없어
    마냥 손을 놓고 보냈지만
    이번 가을만큼은 속수무책,
    기필코 그냥 흘려보내지 않으리라

    여름 한낮 뜨거운 열망에 입은 화상
    후회로 저려오는 가을인데
    길가에 서성대다 갑작스런 폭풍우에
    돌담이 무너지듯 와르르
    맑은 하늬바람에 떠밀려 와자지껄
    한꺼번에 깨어나 조잘대던 단풍잎
    식어서 담담해져가는 바람 안고
    파르르 멍든 하늘 끝 침몰해 가는 꼴
    보고만 있을 수는 없어 차마,
    손놓고 보내진 않으련다

아무리 쌀쌀한 시선으로
이별을 재촉한대도 올가을만큼은
그냥 보내지 말아야 되새기다
충혈된 울음 참지 못해
산등성이에서 흘러내린 계절
계곡 끝까지 고여 오열해도
비열한 후회는 싫어 결단코
이 가을 그냥 보낸 후 혀 깨물며
핏빛눈물 삼키진 않으리라
　　　　　　　　　　－「노을 진 단풍나무 밑에서」

 이 시는 "이 가을은/그냥 보내지 않겠다"라는 결연한 의지로 시작된다. '떠나는 세월', '흘러내린 계절' 등의 표현으로 미루어 볼 때 '가을'은 인생에서의 중년을 비유하는 것임을 알 수 있다. '여름'의 '뜨거운 열망'은 '화상'만 남기고 가 버렸지만 가을까지 그냥 보낼 수는 없다는 것이 이 시의 메시지이다. 이 시의 제목이 "노을 진 단풍나무 밑에서"인 것도 우연이 아니다. 화자는 지금 노을이 진 단풍나무 밑에 있다. 하루 중 노을이 지는 시간을 인생에 비유하자면 역시 청춘을 지나고 중년에 들어서 노년기를 바라보는 때가 될 것이다. 단풍나무가 단풍이 잘 들었다면 이것 역시 겨울이 머지않았음을 알려준다. 이 시를 포함해 김동호 시인의 많은 시들은 남은 생을 후회 없이 살아야겠다는 의지를 보여주는 것이 많다.

하루해는 지면 내일 다시 떠오르고 은행잎은 떨어지면 새해에 다시 새잎이 난다. 그러나 우리 인간은 해가 아니며 나무도 아니다. 해나 나무는 어디까지나 비유일 뿐이며 인간은 봄을 두 번 맞을 수도, 아침을 두 번 맞을 수도 없다. 자연의 이치는 겨울이 가면 새봄이 오는 것이지만 인간의 몸은 겨울에 잎을 떨구고 나면 땅속으로 아주 사라지게 된다. 그리고 그것은 인간인 이상 피할 수 없는 운명이다. 김동호 시인의 시에 '행복'이 자주 드러나는 것은 자신이 겨울에 서 있다는 인식 때문이다. 시인의 시어를 그대로 빌리면 "남은 생"이 그리 길지 않다고 생각하기 때문이다.

너,
태양일 필요까지는 없어
내 생에 태양으로 떠올라 눈부시고
뜨거우면 내 눈멀게 하고
애간장 태울 테니
그저 나의,
캄캄하고 외로운 밤에
뜨겁지도 않고 눈부시지도 않은 달,
심심한 맹탕 같은 달이면 충분해
가만가만 나를 따라다니며
내 희망 밝혀주는 달
올려다보면 소리 없이
노란 꿈 가지런히 내보이며

여린 햇병아리 털처럼
부드러운 웃음으로 쓰다듬어주는 그런

남은 생은
그런 감촉을 가진 행복,
너였음 좋겠어
－「나의 남은 생은·2」

유년기 청년기가 '태양'의 시간이라면 노년기는 확실히 '달'의 시간이다. 시인은 남은 생이 '눈부시고 뜨거운 태양' 같기보다 '뜨겁지도 않고 눈부시지도 않은 달' 같기를 바란다. 그리고 여기서 김동호 시인의 시세계에서 가장 핵심적인 사유인 '행복'이 등장한다. 그의 시에는 남은 생에서 작은 행복을 누리고 싶다는 소망이 자주 드러난다.

세상은 내게 어머니의 자궁 속처럼
알맞게 어둡고 따뜻했다

게슴츠레 두 눈 감고 몸을 더듬던
편안한 침묵같이 부드러운 어둠
그 뜨거운 듯 나긋한
어둠의 혀에 온몸 맡기고
섭씨 39도쯤의 사랑에 마음까지 담그면
과하지도 모자라지도 않게 일렁이던 행복
내게 행복한 세상은

참 어둡고 따뜻한 방이었다

어둡고 어두워 아무것도 보이지 않고
아무 소리도 들리지 않는
따스한 무덤 속에 누워서도 오늘처럼
아늑하게 중얼거릴까 이승은 내게
늘 어둡고 따뜻한 방이었다고
그대 내게,
알맞게 어둡고 따뜻한 황홀이었다고
　　　　　　－「알맞은 어둠과 따뜻한 황홀」

　시인에게 '행복한 세상'은 '참 어둡고 따뜻한 방이었고' 그것은 곧 '어머니의 자궁' 속을 연상하게 한다. 이것은 앞의 시 「나의 남은 생은·2」에서 보여주었던 달의 세계와 연관된다. 김동호 시에 드러나는 그리움을 무의식의 영역까지 확대해보면 그것은 "알맞게 어둡고 따뜻했던 어머니의 자궁 속"을 그리워하는 것이라고 볼 수 있을 것이다. 이 시집의 제목인 『알맞은 어둠과 따뜻한 황홀』은 바로 이 어머니의 자궁 속의 비유이다. 그러나 이것은 살아서는 가 닿을 수 없는 세계여서 결코 이루어질 수 없는 소망이기도 하다. 이 자리에서 김동호 시인의 아름다운 시 「제비꽃으로 피어나」가 등장한다.

　사람으로 태어나

꽃처럼 피었다 진 이가 있고
꽃으로 피어나
사람처럼 살다간 꽃이 있다

쓰디쓴 인생 같은 겨울이 갔는데
바람은 뭐가 저리 안타까워 보랏빛으로
허공에 떠돌다 쏟아져 세상 물들일까
삼킬수록 허기진 삶의 고뇌는 버리라며
뽀송한 햇살이 머리를 쓰다듬자
비로소 위안이 등을 어루만진다
봄날만큼 참 따뜻한 세상,
잠시 이 행복에 쉬어가고파
길가 제비꽃으로 납작 앉아
햇살 덮고 졸고 있네

나, 사람으로 태어나 꽃으로
살다 진다 너로 인하여
너가 있어 아름다운 세상이기에

-「제비꽃으로 피어나」

김동호 시인은 태양을 추구하는 대신 달을 바라보고, 거목처럼 서 있는 대신 제비꽃처럼 피었다 지기를 소망한다. 이것이 그에게는 '행복'이다. 인간은 누구나 행복을 추구하고 행복할 권리가 있다고 믿고 있지만, 막상 행복이 무엇인지를 말하기는 어렵다. 모든 사람은 각자 자신만의 행복에 대한 이미지를 가졌는지도 모른다. 김동호 시인의 시에 자주 드러나는 행복은 작고 따뜻하며 우리 가까이에 있는 행복이다. 그렇기에 우리는 그의 '행복'에 쉽게 동화된다. 김동호 시인은 자신이 찾은 행복은 혼자만의 것으로 두지 않고 세상 사람들과 나누고 싶어 한다. 진정 따뜻한 마음이다.

여러 가지 이야기를 했지만 나는 김동호 시인의 시집 『알맞은 어둠과 따뜻한 황홀』을 인생의 겨울을 앞둔 시인이 남은 생을 바라보는 것으로 읽었다. 그리고 그의 시가 봄, 여름, 가을, 겨울을 골고루 노래하고 있는 것처럼 인생에 대해서도 어느 한 부분에 치중하거나 쏠리지 않는 균형 감각을 주의 깊게 보았다. 허황한 꿈을 꾸지 않고 작은 것에서 행복을 찾고 남은 생을 그러한 행복으로 채워가려는 삶의 자세는 본보기가 된다고 생각했다. 더군다나 그는 자신이 찾은 행복을 다른 사람들에게 나누어주고 싶어 한다. 시집 제일 앞에 놓인 "시인의 말"은 그의 시론이기도 하고 인생론이기도 하다. 그가 쓴 "시인의 말"을 소개하면서 시집의 해설을 마치기로 한다. "알맞게 어둡고 따뜻한 황홀"을 독자분들도 느껴보시기를 바란다.

> 세상에서 가장 따뜻한 혀를 갖고 싶다.
> 하여, 사람들의 내밀한 상처로 들어가
> 위로의 말 한마디 살갑게 속삭여주고 싶다.

내 작은 속삭임이 가슴속 아픈 못을 빼고
그 자리에 꽃씨는 아니어도 내일이면 싹틀
안식과 평온의 풀씨 한 줌 뿌려줄 수 있다면 좋겠다.

제아무리 애처롭게 꽃잎이 져도 결코,
세월을 탓하거나 바람을 원망하지 않으련다.